本书由上海市教育委员会重点学科建设项目（J51701）资助

会计经典丛书

谢霖 孟森 编著

银行簿记学

立信会计出版社

图书在版编目（CIP）数据

银行簿记学/谢霖,孟森编著.—上海:立信会计出版社,2009.12
（会计经典丛书）
ISBN 978-7-5429-2425-4

Ⅰ.①银… Ⅱ.①谢…②孟… Ⅲ.①银行会计 Ⅳ.①F830.42

中国版本图书馆 CIP 数据核字（2009）第 238049 号

策划编辑　　黄成艮
责任编辑　　黄成艮
封面设计　　周崇文

银行簿记学

出版发行	立信会计出版社
地　　址	上海市中山西路 2230 号　邮政编码　200235
电　　话	（021）64411389　　传　真　（021）64411325
网　　址	www.lixinaph.com　　E-mail　lxaph@sh163.net
网上书店	www.shlx.net　　Tel：（021）64411071
经　　销	各地新华书店

印　　刷	上海申松立信印刷有限责任公司
开　　本	787 毫米×960 毫米　　1/16
印　　张	10.5　　　　　　　　　插　页　3
字　　数	93 千字
版　　次	2009 年 12 月第 1 版
印　　次	2009 年 12 月第 1 次
印　　数	1—3100
书　　号	ISBN 978 - 7 - 5429 - 2425 - 4/F·2120
定　　价	24.00 元

如有印订差错，请与本社联系调换

谢 霖

《会计经典丛书》编辑指导委员会

指导委员会

主任委员　葛家澍　郭道扬

委　　员　（以姓氏笔画为序）

于玉林　王庆成　王松年　成圣树　吴水澎

汤云为　张文贤　张以宽　杨宗昌　盖　地

常　勋　傅　磊　裘宗舜

编辑委员会

主任委员　邵瑞庆

委　　员　（以姓氏笔画为序）

李颖琦　邵　军　张维宾　曹惠民

总 序

组织中外会计经典著作与普及性会计读物出版，是潘序伦先生创立的立信会计事业的重要组成部分，历史上的"立信会计丛书"影响海内外，已为推动华夏会计事业的发展作出了杰出贡献。为向中华人民共和国六十周年大庆献礼与纪念中国会计改革三十年，立信会计出版社特制定宏伟计划，隆重推出《会计经典丛书》（以下简称《丛书》），拟在今后相当长的时期内，分期、分批系统出版在世界会计发展史上具有一定学术地位的名人名著，以最终形成具有传世意义与珍藏价值的系列会计文化精品，为全球会计界树立起一座金字塔。

人类社会的会计事业有着悠久而伟大的历史，它的发端期与远古文化、艺术，以及原始算术相一致，在其起源之际所显示出来的管理功能，便与解决人类生存及发展问题至为密切相关，由此，它创立了自己的伟大历史起点。在进入"财产社会"及至其后的"产权社会"后，会计在维护和保障公共权益与私家（或公司）权益中的作用越来越突出，在经济控制中的基础性地位越来越重要，这正如马克思所讲："过程越是按社会的规模进行，越是失去纯粹个人的性质，作为过程的控制和观念总结的簿记就越是必要，因此，簿记对资本主义生产，比对手工业和农民的分散生产更为必要，对公有生产，比对资本主义生产更为必要。"近、现代会计发展的历史事实证明了马克思这一光辉论断，作为现代经济管理控制基础的会计，当今已被人们看作实现社会经济可持续发展的基本保障，其作用不仅仅显示在强化经济管理工作方面，而且更为突出地还表现在科学思想发展与会计理论、文化建设方面。先进的会计思想和科学的理论一直持续影响着会计学与会计工作的发展，这也是现代会计学之所以成为交叉科学与边缘科学的

一

银行簿记学

重要原因。尽管它作为一门科学的研究成果成书时间较之其他科学以为晚，然而，近代社会以后，会计经典之作的产生与发展却展现出后来者居上的演进态势，尤其是在现代社会经济、政治、文化，以及在现代科学技术发展的推动之下，以会计理论与实务研究为中心的领域不断拓展，以会计、审计和财务管理为基本内容的理论与方法技术体系已经形成，会计学已在科学群体中独树一帜，其经典论著层出不穷，熠熠生辉。

弘扬会计学的历史发展成就是一代又一代会计学者应承担的重大责任，整理出版会计著作精品是履行这一责任的重要体现，《丛书》出版目标正是根据这一点确定的。一方面《丛书》编委会将尽职尽责地做好这项工作，确保以上乘的质量，持之以恒地出版这套《丛书》；另一方面也企盼来自各个方面的支持，在著作遴选、修订与出版等方面做到群策群力，以实现《丛书》出版所预期的目标与扩大它的世界影响。

一四九四年，意大利文艺复兴时期著名会计学家卢卡·帕乔利的力作《算术、几何、比及比例概要》（潘序伦先生译为《数学大全》，以下统一用此名）一书出版，极大地影响到整个欧洲，成为欧洲数学发展史上的辉煌篇章。《数学大全》的第三卷第九部第十一篇论题为《计算与记录要论》（葛家澍教授译为《簿记论》，以下统一用此名）。《簿记论》是系统研究簿记学的历史起点，它的问世开辟了人类会计发展的新时代，是会计学建设发展史上的里程碑，它的影响极为深远，其意义是世界性的。《丛书》在原译中文版本的基础上，通过再次校译与订正，作为首批经典著作推出它对整套《丛书》的出版具有奠基性意义与作用。《簿记论》一书很值得每位会计学者和工作者珍藏与反复研读。

一九〇五年（光绪三十一年），蔡锡勇的《连环帐谱》于湖北官书局镌刻刊行，它开创了中国会计专著撰写与出版之先河，真正是「破了天荒」（杨时展教授语，一九九二年）从根本上改写了中国几千年来，会计无专书、专文问世的历史。在当时，这部书的出版不仅迎合了张之洞在湖北创办各类实业乃至军工业对改进中式簿记的要求，而且以其引进与改良思想为启迪，揭开了二十世纪初期改良与改革中式簿记的序幕，是中国会计学建设史上的重大历史事件。应当注意，蔡锡勇引进先进簿记原理及其技术所坚持的结合「中土实际」的思想，旨在西为中用，故他通过精心

二

总序

《会计经典丛书》是一项永久性的出版工程，通过它既能够展示数百年来中外会计学术演变与发展的历史路径及其运行规律，也便于广大会计学者与工作者全面而系统地研究会计学术、实务问题，以达承前启后，继往开来，持永祚先生的代表作。

一九〇七年，留日学者谢霖与孟森合著的《银行簿记学》一书，是继《连环帐谱》之后，第二部试图通过引进西式簿记引导中式簿记进行改良的著作。这部书以银行簿记为改良目标，其研究的切实性与可操作性很强，故它对于推动我国三四十年代所兴起的改良与改革中式会计运动具有直接作用。河北杨汝梅的《无形资产论》是他一九二六年在美国密歇根大学的博士学位论文，论文具有一定创新价值，一度在美国广为引用，是中国人在世界会计界产生影响的第一部著作。这部书曾被施仁夫先生译成中文，译名为《商誉及无形资产》，这次出版经过仔细校译，也将以崭新面貌出现在读者面前。同时，围绕二十世纪三四十年代中国的改良与改革会计之争，《丛书》还再版了潘序伦与徐

美国著名会计学家 A·C·利特尔顿的名著《一九〇〇年以前会计的演进》，是二十世纪三十年代以后对世界会计界发生深刻影响的会计历史论著，它开创了史论与史证相结合系统研究会计、审计问题的崭新格局，具有很高的研究参考价值。虽然我国会计界多年来一直在策划翻译出版这部书，但由于多种原因未能实现这一计划。这次，《丛书》编委会决定把翻译出版这部值得研读与收藏的论著列入规划，并确保提高翻译水平与出版质量，为中国会计界献上一份厚礼。

编译进行的再创作自始至终显示了这一精神。他用借贷基本原理，设例解释中式簿记中的"二收、一付"和"一该、一存"的原理，体现了"洋为中用"，指引了改良中式簿记的大方向。目前，《连环帐谱》这部上、下两册的线装书，在海内外仅存孤本，此次立信会计出版社通过拍照与精心设计，完好保持了它的原貌，显示了原书古朴的风格，《丛书》编委会深信这部书出版之后一定会得到社会各界的重视，既珍视它的历史价值，而又在比较研究中充分发挥它的现实应用价值。

三

银行簿记学

续进行求实创新之效果。《丛书》编委会诚望会计学者、会计教育者、会计实务工作者，以及其他方面的读者参与《丛书》的策划与对会计经典著作的遴选，并对持续出版这套《丛书》提出宝贵意见。我们认为，这项工程既是中国也是世界会计界共同的事业，它的每一步都需要来自会计界及其他方面力量的推进。

《会计经典丛书》编委会
二〇〇九年十二月

前言

郭道扬

《银行簿记学》是我国留日学者谢霖与孟森合作编纂的一部部门会计著作。该书于光绪三十三年四月（公元一九〇七年）在日本东京印刷刊行，它是继《连环帐谱》之后，由我国学者撰写的第二部会计著作。《银行簿记学》之基本理论，系以日本学者森川镒太郎所著之《银行簿记学》为蓝本，书中所用账簿格式，又借鉴于早稻田大学商科所定之新式账簿。此外，在编译之际，又参见米田喜所著《簿记学讲义》。作者不仅根据在日所学之簿记理论和方法择善而从之，让中国人士能探明其究竟，而且又根据学习心得体会加以发挥，并结合中国人的习惯而阐明之，以便推行新式银行之会计学，促进中国实业之发达。孟森叙云：「中土学术，近数年渐有门径，能脱去昔人经义治事等窠臼，不为骛博，而为专精。」此言亦可看作《银行簿记学》成书之基本精神也。

谢霖（一八八五年至一九六九年），字霖甫（又称麟甫），江苏省武进县人，是我国之著名会计学家。谢氏于光绪三十一年赴日留学，在明治大学攻读商科，对日本金融界所用之银行簿记理论与实务颇有研究。宣统元年（一九〇九年）毕业，膺商学士学位，并于当年回到中国。宣统二年进京应考，获商科举人「功名」。民国年间，历任上海商学院会计学系教授、复旦大学银行金融系主任、上海光华大学院长暨副校长等职。谢氏通过创办会计师事务所，执行会计师业务，服务于实业界；通过开办会计学校、会计训练班培养会计人才；通过著书立说，将国外先进之簿记理论与方法引进中国，为改善中国的会计状况，促进中国会计事业的发展，作出了重要贡献。谢氏一生撰有多种会计

一

银行簿记学

著作,而《银行簿记学》一书则为其处女作。该书以其为主笔,孟森先生与其相配合,较为成功地把日本会计学界所推崇之新式银行簿记理论和日本银行界所采用之新式银行簿记法引进中国,成为中国近代会计发展史上有影响的会计著作之一。《银行簿记学》一书的出版刊行其主要贡献在于:

其一,主次分明的新式银行账簿组织的引进,促进了中国旧式金融机构所用账簿组织的改善,反映了银行业务的全过程,有利于对银行业务的反映与控制。

其二,传票运用方法的引进,对中式会计产生了深刻的影响。传票对于归类整理账目的功能,在明示会计科目方面所起的作用,引起了我国实业界和会计界人士的关注。《银行簿记学》一书为我国后来广泛运用"传票"这种方法奠定了思想基础。

其三,《银行簿记学》一书,围绕着银行业务的特点,对会计款目之分类进行系统表述,把会计科目的设置与具体运用的方法初步介绍到我国,使之成为当时对中式簿记进行改良的基本依据,如大清银行对于会计核算款目之改善,大体是以此作为参考的。

其四,通过《银行簿记学》一书,首次将借、贷这对记账符号及其借方与贷方的明确含义引进中国,使中国会计界人士对借贷记账法开始有明确的了解。作者在《凡例》中讲:"日本原文,乃从西文中称量而出,虽偶有习惯上之名称,要以有根据者为多。……若贷借两方之称,乃此学进步必明之理,不在商改之列。"这也是我国学者最早对借方与贷方的解释。

二

前　言

其五，《银行簿记学》一书是最早将「现金式借贷分录法」引进中国的会计著作。明治十五年，为创办国立「日本银行」，设置新银行之会计制度，日本政府特聘请英国人艾伦·亨德(Allen Shand)帮助其筹划、设计。当时，艾伦·亨德惟恐西式借贷复式记账法不易为东方人所习用，故根据借贷原理，结合日本原来采用的中式收付记账法，特别设计出一种「现金式借贷分录法」①。这种以现金为记账主体的复式记录法，很快便在日本得到推行，此后，亦一直为银行界所习用。《银行簿记学》第三章论及借贷原理及银行簿记之性质时讲：「银行簿记本以金钱为主者也。至推收之账，不关现金，亦合两款，各省记其金钱，又反乎普通商业之贷借。」其第四章举例则讲：「光绪三十二年三月初八日，即西历一千九百○六年四月一日，收元宝式定期存款现金一千元。」作者解释此笔账目，按照商业簿记法应作如下记录：

借　　方

　　金　银　　1,000元

贷　　方

　　定期存款　1,000元

然而，按银行簿记之作法，以现金为主体，可省略金银一方，而反其借贷之记号，在日记账中仅记其一笔：

借　　方

　　定期存款(元宝式)1,000元

---

① 陆善炽：《现金式分录法与现金收付法之异同》，《会计杂志》第三卷，第一期。或见徐永祚：《银行会计与中国簿记法》，《会计杂志》第三卷，第二期。

银行簿记学

自《银行簿记学》一书将此法引进,便成为我国银行会计改良之依据。先有大清银行采用,随后又有交通银行采用,此后便在我国银行界推广开来,可见其影响之深远。

其六,《银行簿记学》一书还首次将借贷平衡试算表、借贷对照表、损益计算表之编制方法与格式引进中国,并从凭证、账簿到报表一致采用新式格式和阿拉伯数码,这些给中国会计界进行旧式簿记的改良产生了良好的影响。

二○○九年十二月

銀行簿記學

银行簿记学叙

中土学术，近数年渐有门径，能脱去昔人经义治事等窠白，不为骛博，而为专精。于是稍稍足以觇世变。下以其心理相表见，而上之人亦若知其故。若不知其故，忽忽已成今日万事，若或更始之局。深识之士，长虑却愿。以为寻常居多数之人民，知识不足以随世运为增长。仅闻放任之可乐，而抉藩破篱。方且有横决之患，思先以服从尊敬之说，倡导于下。俾上之人乐因其进步而解驰束缚，以酿开明之真相，意诚美矣，抑非事实之所可能也。人之于世所需于法律政治者，各欲自保生活之事而已。生活程度不进，何所赖于法律政治之独进。服牛乘马以来数千年，至今牛马犹止有供服且乘之能力。乌秩以为恩，鞭策以为威，宽猛济矣。心安理得而无遗憾矣。人之为物，躯干不及牛马之修伟。负重行远，材力亦皆不及。所以渐进渐远，不与牛马争食者。以生活有程度之可言，一切法律政治，皆由此出。守法奉令之本原，各为自卫其生活而起，决非无故盲从，以图驯良易治之令名也明矣。吾学簿记，又知日本人民生活程度之未高而已。上下皆有企而及之之愿力者也。国家之命脉在财政，财政之发源在人民之生活。以吾国而论，生活较高而与财政相关系者，非富商大豪所谓汇兑庄官银号，操奇计赢而占优势者耶。以学理绳之，乃皆不出乎两替之智。日本两替业最贱，以角银铜圆出兑，稍稍沾润。即吾国所谓钱摊。吾国近时无圆法，以地金银为市。唐人诗蛮方市用银，此犹有圆法时代之言。今通都大邑，市均用银，岂非自卫于荒服之外。夫各国之视地金银乃物品耳。古人进化而有圆法。今人退化而物与物相交

一

银行簿记学

易，此尚得为有政事乎。当途纵愦愦，而民间亦复安之。则囿于两替之智，以为自肥充内之地。而财政之有枢纽，所以合全国财力为一大财团。可以对外界，可以充内力，可以称国家命脉之所在者，茫乎其无所知也。而宜其跋前疐，后以地大物博之国，与列强争衡，若以散沙之当坚石。动辄为所陷矣。日本全国，凡业汇兑受借贷者，皆谓之银行，而万殊归于一本。以日本银行为尾闾，其信用能使民间无复盖藏之念，民财无不归宿于银行，银行之财，无不归宿于日本银行，则是以全国之财力为龠辟。蕞尔日本，可谓有财政矣。此日本银行之所以为枢纽。吾士大夫，不又将视为官力把持之明效乎。此乃大谬。股东理事，一切公之民间，监督者为全国之民。全国之民，应设此财政总机关，以自谋有所归宿。惟此总机关可以行使纸币。非以官力得此特权，乃以有全国之监督而成此信用也。其理事有禄位，非以官阶压监督之国民，使有所惮。乃以全国监督所委任之人，其人为可恃，故国无圆法而反以为便。国民无财政观念，而视以为固然。试展吾簿记观之，窭人并两替而不为。若吾措大，犹有词也。彼富商大豪，则何以自容矣。然而政事易能也。生活程度不可强。

吾学簿记，吾得而言日本生活程度之不足数。日本效法泰西，以立契徒借为可鄙，竭力提倡贴现票。至重税借契，轻税贴现票，以鼓舞之贴现票者。商品出售而价不时获。此有事实道里习惯等限之，商人以速得价为周转，乃括应得之价，计先期若干日，减若干价，售与银行。视贴现票之多，即知商货之殷赈，贸易之交错往来，无复有滞机存焉。故寻常借契多，而知其国之民困；贴现票多而知其国之商务兴。日本于税法寓驱策之意，政事不为不举，而孰知民间贴现十八九皆借契之变调，不指货价为的款，别以产业作担保品，而易利息之名为贴现费。虽付利有先后，借契之性质自在。故曰日本生活程度之不高也，然其高于吾国者远甚。吾国之所谓产业，祖遗之屋，护坟之田。即富人盈阡累陌，亦恒不离乎多牛翁故智。非吾民之寒俭可笑，财政无枢机，故信用不立。土地之外，无一巩固可恃之产，则生活程度可想矣。吾学簿记，吾得而言日本产业之发达。国债地方债，民间得此，可以为生息之资，可以为起债之担保，乃至国家银行，可以此为发行纸币之成本。非民之急公，乃民有自起债自偿债之责任。虽使彼人雇法，而我已损失不可逭。贷物于国，由国民负担息，其权不尽由我，即有法律可凭。法不能化无为有。吾国劝捐训令，则曰食毛践土，其有天良，而民漠然。或且自疑曰，吾之，则以我付息于我，我尚不可恃，更何恃乎。此以名义强迫，为最草昧之政策。稍进而设道德，则稍去其威吓之用，食毛，在上者非枵腹，吾践土，在上者非凌虚。抑又无奈，人知名誉之不可保，与而其实共有计较之念。稍一计较，隐然不道不德坐之，损人名誉，计见毒于强迫。故谋国者不以监督计较之有同情。合多数人皆不名誉，则亦可相与安之，仍无益于理财，徒出于损人名誉之恶意。信用既立，股财政之权委之全国，为大愚也。不宁惟是，一实业之兴，资本既有息可生矣。票特记其资本之数耳。票又为资产，是一金得无数金之用也。公司可依法律出债券，与公债相等。以起债增殖实业，而记其债额之券，为资产。至国家之起债，军事等用，已并其资本掷之矣。而记其债额之券，既为资产。抑岂知国家不自起为资产，则一金得二金之用也。在吾国，士夫又或且以为国家挟智用术，以颠倒全国之民。他团体纸币之本，是一金得无数金之用也。凭众人之心理以起债，全国之人自知其起债由我，其偿债由我，我必不愿折我之本，我必不愿亏我之息。故谋国家银行得指为债，可以变动，全国之团体，终古无退位缺数之日，乃晓然于天下，最可恃者真公债若。故谋国者不以监督财政之权委之

银行簿记学

吾学簿记，胸中郁郁有所欲言，言之又刺刺不能已。自知其不能不姑辍笔于此。他有所言，尚愿别为篇幅以见意。吾簿记学，不出于学校，出于委巷里耳所遍设之簿记学会。会甚伙，吾所厕之会名正则，会长为大阪高等商业教头原圭南君。入其会学者麇集，有士有女，有军有民，有官有役。同学谢君麟甫，于此事有夙悟，又能操日语讨论其所以然，乃得因人而卒吾业。本书脱稿，其制簿检数，皆麟甫为之，不佞特译述其理论云。光绪三十二年十月，阳湖孟森叙于日本江户集贤馆寓楼，阗阗喧嚣不自意居此竟卒业，竟成书，殊自喜也。全国，为大愚之大愚也。

银行簿记学

凡 例

是书理论,用森川镒太郎所著之银行簿记学,不遗一字。其事实难明之处,稍加按语,余不敢增损毫末。原书可覆案也。所制账簿,从原圭南指用早稻田商科所定之式。新式较旧式为精,亦间有转从旧式,择善而从,无成见也。

既有此斟酌,故不称译而称编。又簿式亦间参米田喜作所著簿记学本,米田本为银行班讲师所用之课本。理论太简,记账止两月,远不逮森川之详备。

账簿年月日,概用阳历。取其学理,即无从更改。盖整理划一之效,非用阳历,不能获计算之进步。于经济学大有影响。惟吾国自有正朔,虽依公理,历法必应改良。现尚未改以前,意欲用阴阳两历制簿,辗转设法,竟不可得。仅于例题中冠以中历,别为历法议以致愤焉。

名词不就吾国人所解者改译,则账簿面目既生,学理复奥,又加难解之名词以淆之,开卷无能注目者矣。今悉改译。然十中有一二,竟未能统一,不免随文定名。是日本一名词,有时化作两名词,于心有所不安。然现在竟无善法。但于关账簿款目者不敢出入。余贯注于文字之中者,间有以意迁就。为吾国人读能终卷计,不得不然。日本原文,乃从西文中称量而出,虽偶有习惯上之名称,要以有根据者为多。同学何君旦,已将西文日文账簿名词对列为表。又将拙译名词,并列比较。统一不统一,是非得失,较然可知。当续印公世,以俟共正。若贷借两方之称,乃此学进步必明之理,不在商改之列。近有译家庭簿记,改借贷为收付者,其意欲令阅者易晓,然于学理太隔膜矣。理论具在本书中,不赘。

目 录

第一章 银行之业务 …………………………………… 一

第二章 取引之分类并款项名目 ……………………… 三

  第一 属于负债之款目 ………………………………… 三

  第二 属于资产之款目 ………………………………… 九

  第三 属于损益之款目 ………………………………… 一五

第三章 借贷之理由并银行簿记之性质 ……………… 二一

第四章 传票 …………………………………………… 二七

第五章 账簿之组织 …………………………………… 三五

  第一 主簿 ……………………………………………… 三五

  第二 补助簿 …………………………………………… 五二

第六章 往来账目报告书 ……………………………… 一〇四

第七章 利息计算法 …………………………………… 一〇七

第八章 实践	一一七
第一 取引	一一九
第二 决算	一四二
第三 报告	一四四

第一章 银行之业务

银行者，专以处理金钱为务，由供给之处集之，而散诸需要之处，所以疏通金融之机关也。

金融二字吾国谓之银根，然意义不及金融之圆到。银行业者，以金钱为成立之目的物，犹之商业成立，以商品为目的物也。又有与他事业不相关系之特性。欲详其理，非本书宗旨。要而言之，非其本务，必不熟练，妄与金钱生关系，极为危险。是以日本国立银行条例第五十三四等条，限定除不得已事故外，不得卖买土地房屋及他物件，又不得兴职工作业之功，及为兴是等工作会社之株主，其私立银行条例，虽不设此等限制，苟欲使银行立于确固之地，以博世人信用，则均须遵守为要。

金钱为银行之目的物，此物实为经济界不可少之媒介物，其关系之处极广。不问何业，皆待此媒介而后可营。故处理金钱之银行，其主顾之既广且多，实为自然之数也。主顾二字日文谓之取引，先按之吾国主顾之称，名义恰合，雅俗可不计也。

银行所处理者，虽同此一金钱，然有集散，性质不得不因之有异。其集也谓之诸存款金，其散也谓之诸贷付金。其他集之于甲地而散之于乙地者，谓之汇兑。由此等处理所生之利益，则利息也、贴现也、未到期之的款，向银行先期指款取用现金，计先期若干日，按日扣金若干，日文谓之割引。割引者，折扣之意。引则取引之通称。易以贴现二字，虽意不十分圆满，而大旨尚合。费手金也、日文谓之割费手金也，手数，料吾国代客买卖之牙行，有经手名目，意义正合。其他杂益也。

杂益系不定之名据，后款目中有一宗电汇之电费，可以类推。

日本银行条例第一条

于公开之店铺，营一种业，其所为系期票之贴现，及出汇票汇款，又诸存款、诸贷付，皆并为之，则不拘用何等名称，悉以之为银行。

以故，所应处理之金，可表示之如左：

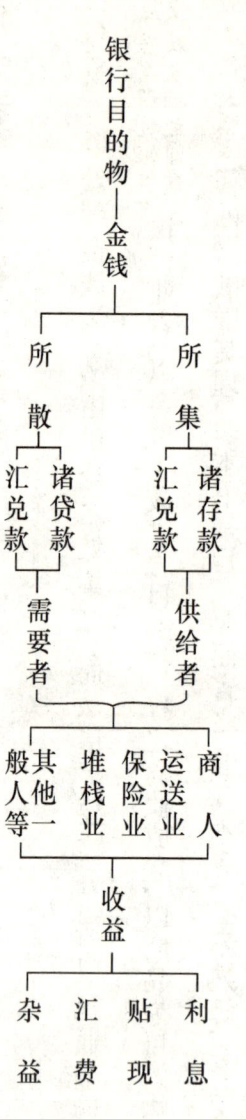

银行目的物——金钱
- 所集{ 诸存款 汇兑款 } 供给者 — 商人、运送业、保险业、堆栈业
- 所散{ 诸贷款 汇兑款 } 需要者 — 其他一般人等

收益 — 利息、贴现、汇费、杂益

第二章　取引之分类并款项名目

取引犹言交易买卖，但非交易买卖字面之意，兹竟改为交易或买卖，则银行并无交易买卖之事实，东籍颇行此二字，大概已入人心，姑仍之，俟有的当名词，再行订正。款目字，日文称勘定科目，日语凡开账皆称勘定，有开列款项之意。活用则开列可称勘定，惟呆用者究多，改从中文而志其意味于此。

无论何业，欲整理之，最必要者，正式之账簿中，苟无此物，何由知借贷之位置，能竟改付与收。已见后论，不更何由知以后所生损益之状况。夫然，故欲求账簿之正式，非可漫然得之，应究心之事极伙，惟其伙也，先从业务性质，确核其取引款目，可分几类，以此整理错杂之取引，使之一目了然，则此章之意也。就银行事业而言，一面后供给处集合金钱，是生负债；一面就需要之处散布金钱，是生资产。对于负债，可索偿还；对于资产，可得酬报。此一定之理。故以款目整理银行之事业，资产、负债及损失为三大宗，细别如左。

第一　属于负债之款目

一　诸存款

定期存款　此款目为整理有定期之存款而设，其所定之期，不论为三月、为六月、为一年，总之凡有定期一律列入。

无定期存款 此种存款，出入无约定之期，有余裕即存入，有需用即取出，设此款目以整理之。

盖此款目不但取引极繁，且取出之时有自书小票之便。（日文谓之小切手。）自书小票，由银行发出空白，听存款人填写金钱数目，转辗行用，见票即付。若不改为指名付法与普通或特别之划线付法，（指名付法日文谓之指图拂，即于票内载明来付之人也。划线付法票上划两直线相平行，日文谓之筋引小切手，其普通划线乃线内不填字样，特别划线则线内书某银行。普通者必银行始可付，特别者更止有一银行之信用，）则必易生奸蘗，少不注意，受害非常。一面当成交之始，必察其人之信用，他一面则账簿上整理周密，防患未然，皆此款目之用也。

特别无定期存款 此为整理少额之无定期存款之款目，取用时多以通账（通账乃付存款之账，如吾国所用之手摺，特装成小册耳，）或于通账外别添收条。其有性好浮华，时需充作随手零用者，亦欲行用自书小票，则不可不从其便，以招徕之。此种存款，其性质与储蓄相类。当交之始，非能察其人之信用如何。来者即与成交，到底不免危险。若欲防之，惟有一法，视存款之数量，以定交付小票之枚数，并可限定每一枚支付之最高额。例如金百元之存款，定最高额为五元，而交以小票二十枚；或定为金十元，而交以十枚。若将所交付之小票用尽，尚有余金二十元，则更交以相当之小票，是限制之法也。止以此故，不可大意，账

通知存款 此为无定期存款之变形，多不付以自书小票，止以存款收据为取引之用。付出时预先约定，必数日前通知，俾银行便于周转。此其报酬必较他存款为厚，特设此款目以整理之。

暂存款 存款有止存一时者，设此款目整理之。交以证书，虽与前条无异，但无特别条件，多不起利。

存款票 不给通账正给一票，是处理存款之简法。此票或一时行用，或永久流通，恒不一定，以代现金之用，互相授受，以此为凭。此种入存之款，设此款目整理之，亦以不起利为常例。日文名预金手形。预金即存款。上文各项存款日语皆称预金。至手形之名，乃日本古语，凡立契据恒印手形为押，后虽无此事而犹存此名。考日本预金手形之来历，乃从前国立银行之遗物，原名振出手形代之，仍起利息，此变格也。至吾国之所谓票，原非定义有票提，恶其通账之烦，每以预金手形代之。惟汇票期票钞票等字，相沿已久。此存款票，则钞票之类也。强改此名，吾国非有相当名目附释其意。庶名词之当否，有以质之当世耳。

第二章 取引之分类并款项名目

二 汇兑上之负债 汇兑日名为替

汇兑上之负债云者，当处理汇兑事务之时，本店与他店或支店之间，所生取引之结果，必有为本店所负之债之款，细说如左。

汇来汇票 日文名此为仕拂送金为替手形。仕拂即支付之意，送金为替手形则汇款之汇票也。由他店或支店向本店汇兑一宗款项，即通知本店已经发出汇票，内开应由本店付现，则本店即为付款之人，设此款目专整理之。其方法于该店往来款目中，照票上所开金额作为付与该店之款。款已付与该店即本店在该店账内多此一宗存款，而对于受取汇金之人则负此一宗债款。该债款人汇来汇票，款目中以明本店已负支付之义务。当付之之时，即在此款目内付讫，与发汇票之银行不复相关。故于该银行账内不必多生枝节，直于通知出票之日，即为收到本店存款之日。以后于存欠项，结算足矣。然此种汇票，行用极繁。欲使金额一望而知，则视其必须之时，于出票之店之往来款目中，析为汇来汇票一分目，亦无不可。

他店 对于他店所负之债，则汇往汇票此汇票之款已由本行收到而令他店代付现金，故为负他店之债。前条汇来汇票则他店负本行之债，即为本行之资产。惟对他店固为资产，对取款之人则为负债。故前条之属于负债，乃汇来汇票之专目，与他店无涉。再分析于此，足与前条文意相发明也。

凡有一店往来，即立一款。有若干店往来，立若干款可也。

支店 其设款整理之法与他店同。

三　活本

借用金　贷出过多，不敷周转，即不能应主顾者之请求，此不可不思补救之策。盖不能济用款，此之缓急，不但非银行业之得策，且足惹起恐慌。不保市面不为搅乱，有借用金以维持之。借入之利必较低，贷出之利必较昂，其中亦自有收益之余地。此银行业所以必有借入金，无疑义也。维此为特种之性质，故设此款目整理之。

日文谓之资金补充，即股东坐本以外之活款，不能以存款论者

四　对于股东之负债

资本金　此项坐本，无论合股或独开，多少总须出资，以为营业上之资本。盖资本金非但准备贷出之用。若银行止藉资本金贷人，安得谓之银行业务？银行者经济上之枢机，不于经济上尽其责务，安能收相当之利益？夫所重于银行者，衷多益寡，关系甚大。溥利社会而后已，亦获利焉。故区区坐本不过维持信用之一方便耳。虽信用厚薄不尽关成本多寡，每因主务者之性状本领等事，然苟情事相同，即不能不较及资本。孰肯以贵重之金钱，舍大资本之银行不托，而托之于小资本之银行乎？是固非可视为赘物。彼存款之增加，即信用之增加。要其信用之原，则恒由资本为招徕存款之准的。既以资本为银行所必要，则特设款目以整理之，乃必然之理也。

然初学有最易误解之一事，则往往视资本主与营业主并而为一也。夫此二者，一为出资金贷与

而生利，一为供他所资金而有应给相当酬报之义务，纯然各别。一立于债主之地位，一立于负债主之地位，决不可混而一之。

虽独出资营业亦作如是观。吾国账目原有官利之说，但除照资本金额给息之外，余即视为营业之利，则款目终粘滞不灵，依簿记学理，营业主乃虚位，此借彼贷，于本身无倚。著先破此一蔽，然后能以学理谋簿记之进步而驭人事日出之繁也。

公积　日文谓之积立金，失利益所在，损失之机伏焉。银行亦不外一种营利事业，不能保其必无不测之损失，此期获甚大之利益，安知彼期不将蒙甚大之损失。欲其虽遭损失而无伤元气，惟于获利之时，分割若干。以备事变。此营利事业所当遵守之通法也。商法第一百九十四条：凡公司股本，已集现至四分之一，则利益应按股分配。其分配之中，以每二十分之一以上之利益为准备金，是为公积云云。法所规定，正此意也。故设此款目以整理之。

但股份公司之公积，不问何业，常有二种区别：一通常公积，一股票行情公积，设为二款以整理之。前者以备不时之损失，后者以预防每期获利之不等。而股票之价，因有乱涨跌之患也。

前季滚结　日文谓之缲越，缲字滚字尚为贴切，越字则过入下期。但此处本可译作滚存，后账簿中则有存欠并称缲越者，不如滚结二字尚能包括。滚结而不提开，则即四柱册中旧管之意，以结字当之殊未完足，本有接管之意。姑定是名而申其意，俟同志者共审定之。前条所述不测之损失，在营利事业中，到底难免。虽以公积为填补之计，已为善法，但小小不敷，不必遽动公积。且公积与分红之间，亦不能毫厘分派。则前期利益金内，除分红公积等项，必当留若干余裕，是为前半季滚结，设此款所以整理之。

分红　由前半季利益金照股本分派，以为出资之报酬。此对劳力报酬而言。设此款目整理之。盖分红非一时分讫，或经许多时日，始为截事。既设此款，即存此一宗债务逐次付清。然后对股东为终其责。未付分红　分红有已届分讫之时，而股东尚未将红款付去者，设此款目以整理之。

第二　属于资产之款目

一　贷出金

资本不过维持银行之信用，一面招徕存款，一面周转适宜，始为银行应收之益，前已详述之矣。记账上整理之方法如左。

于是图资本扩充，或且放大利率，及与以种种便益，以招存款，同时即多方求索，以广贷出之途。

贷付金　此贷出以约定期限为常例，设此款目以整理之。其中所含种别，有有担保品者，有有保证人者；有有保证人者，虽不一定，概列此款目内，毫无龃龉。惟多宗贷付金中，有归款延滞者，则或别设款目，此视其必须之时，设过期贷付金之款目以整理之，亦可。

贴现票　此不问其为汇票期票，由付款之日，预算到期之日，按其日数，再视此票之信用如何，及当时银根之松紧，[日文称金融之繁闲，此处宜从，一律用银根松紧，语极现成，改之以取便利。]以相当之减价买入此票，而给以现金。至期向付款人照票面金额收取，其差额即为利率。本款目之设，专整理收取此票之法。

虽然，用票不发达之国，有难言者。据日本森川镒太郎言，其国用票情形，不堪慨款。真具票之性质者，落落如晨星焉。实以货价往来，图周转之便而用此票者极少。十中八九，不外寻常借据。夫银行家之用票，本为法律所极保护，又因其有严重之制裁，与单称贷付金者有异。如到期稍延但清利息等缺点，较为减少。即利息之称，犹仍贷付金之旧。银行家于实际上多取现扣，故虽性质犹是贷付金，亦奖成贴现票之风，有日增月盛之势。再加新印税法，重税借据而轻票税，贷付金变体之票益觉通行。至常占银行贷出金之大部分，以故整理之法，宜极以慎重将之也。

栈单押款 日文谓之质入证券。据文义，证券原不指定栈单。理论事实，则惟有栈单押款可入此款目内。日本商法规定，开栈为业者，可由存货者请求，将其所存之货，于收据外更给栈单，[吾国栈单即是收据。收据二字，日文谓之预证券，详绎理论，仅以收据押款，栈主不负责任必别给栈单。内货物之即为担保品，栈主与有责焉。今改作栈单，以取易晓，惟事实上应将栈单与收据分开，则生计之根于法律有进步矣。]以供周转资本之用。在银行业者视之，虽与货物担保之贷付金无异，然在卖买繁盛之地，此项贷出必多，且须特别注意。故于贷出金内，区别此款目以整理之。

虽然，此项栈单押款之法，美则美矣，日本森川鉴太郎则曰，彼国现时状态尚不相宜，往往非常费事。法律所定之方法，利用者少，必多加法律以外之变。则此缺憾之大者。森川氏此言在八九年前，其时交通之便当远不如今。故也此可以观社会进步之程度矣。

汇来货价票　此为受货人对于付货人所发之汇票。付货人即以应付之货物为担保，一种贴现票也。设此款目专整理之。

然有一应辨正之理由，凡整理此汇来货价票，并其他不在本地归款之票，即银行簿记学上所谓所贴现票，以其用款人所在地之取引银行，为有贷出金之款目，此实大误。能使彼我之责任混淆无别，故为万不可通之法。盖本行既信托该票，许其贴现，是对于用款人有代收票款之资产，并非对于收款之银行。有贷金之资产，凡存金于他人将来可收回者，皆得谓之资产。自信自贷，责任在我。彼银行不过从我请求，为我代收金额耳。若票之可靠与否，无可负之责任。日本旧国立银行，当大藏省未布达前，正以此也。论者或难之曰：当款未收到以前，彼银行无立于负债地位之理，而况该票尚有别生轇轕之恐乎。收票之银行，既加里书送付彼银后大藏省布达，止以收票之法办理，以贷出金之法办理，行矣，原主仍负责任与否。今之汇来货价票，本人已贴现付去，此后银行为票主，里书乃票纸背后所书，凡票背皆印成里书格式，票面应收款之人将票转与他人，以里书载明之，并可载明此票，必有里书载之。故曰加里书也。

而仍为收票之资产，彼银行不居负债之地位，票已离我而存彼矣，岂不可危？是虽亦有一理，然防此危险，决非无策。仍以里书法律维持之足矣。日本商法第四百六十三条云：所持人得依里书收押汇票，并委任收款之人，则彼银行应代我收款，里书已定之矣。此种规定，亦适用于期票。

又可论者曰：汇来汇票既发，不就汇来汇票款目中整理之，直以发票之银行为负债者，则托收票款，既以票送付彼银行，亦即以为贷金与彼银行。事固相类也，不知汇来汇票，彼银行账内，已收本行之款，将来终负归款之义务。即于同时本行对之，亦确负义务，托收票款者岂能同视。若以负债责之，彼直谓并无代收之义务可也。况汇票亦尚有退还之时，未必竟定为负债。但为极少之事，不足谆谆置论耳。

无定期存款透用　本有无定期存款在银行内，一时对于所往来之商号，应付之款甚多。当其必须，许以自书小票付之。要用既毕，随时归款。设此款目专整理之。夫存款之人，有其初早挟一透用之希望而来者，银行为招徕计，往往许之。然此在透用者极便，在银行则出入无定，丝毫不能豫为之计，极其不便。故惟常有存款，久相往来之客，乃可允之。且其整理方法，尤宜极注意焉。

二　汇兑上之资产

他店

支店前于负债项下所已说明者，一反证之，即由汇兑取引中之汇来汇票，及诸种托代收取之票。之所生也，其对于他店支店所设整理之款目，亦一店一款，如前所述。

三 存款 _{存款 此为本行以款出存他处，日文与入存之款语尾不同，在中文则无别。}

此当银根松动之时，以多数之款，存于国家银行或其他有力之银行，设款目以整理之，其本意也。然又有交换所出入票之往来，其详见实践章。当交换底划清之任之银行，收其款。本行票由他店付款，应收其票而还其款。因其周折太多故组成交换所，而由一银行为交换之总汇，使各银行日日划清，而以总汇之行一一推收其存欠。所谓当交换底划清之任者，其意如此。必置各银行无定期存款之一宗款目。纵非银根松动时，多少必余若干存入之款，在各银行即为存出之款，设此款目以整理之。其有因出入票之交换，应收之票太多，非存款所能划清，则亦从存款款目中，先为透用之约。至实有透用时，别入借用金项下以整理之。_{见负债项。}

四 对于股东之资产

未入资本金 相度市面银根景况，或不适用此过多之股本，或一时不需全额之股本，遂留几分未入之额。又或不缘此等情事，但以集股通例，多非一时并集，常分数回，约定至某年月某年月络续付入。欲整理之，乃设此款目。每入每减，至金额尽入，此款目始为消讫。

五 所有物

土地房屋　不问何业，其营业必有相当之土地房屋，不待言矣。特房屋经久而值减，故利益金中，于年年所减之价，偿以相当之此额。必如此，资产方为核实。设此款目所以整理之也。

诸公债证书　甘心低利买入诸公债证书，固非得策，即逐卖买之利，而忘其本务，亦须慎之。虽然，视银根及他种之便宜，非无买入之时机。设此款目以整理之。

诸股票　日文称株券，改之以从名称之便。下条社债券者，吾国无本名，则仍之。要亦将来所必有。

诸社债券　社者，会社。即吾国所谓公司。以法律所定募债之法募债，谓之社债之券，亦经法定，故得自由卖买，略与股票相类。此吾国所未有，则国民生计之低也。

会社出有社债券，先付利息，再论分红。故此股票为稍稳。极宜慎重，不可大意。然若不得已而已为所有，不能不加整理。归此款目之下以整理之。庶可核计其跌价与否。

地金银　凡以地金银为所有物，除有出钞之权之银行外，殆无所用。虽然，不能决其必无此物，设此款目以整理之。

什器　营业之必有什器，此不待言。惟整理不得其宜，将归耗蚀，故必有相当之注意，以此款目整理之。

六　金银

金银　凡存款必不留全额以待取付，既名银行，亦无呆置存款之理。或谓留作存款准备者，当照存款全额三分之一或四分之一，此皆胶柱鼓瑟之谈，非临机应变之道。虽然，斟酌事情，随时留适宜之现款，亦一定之理。其多寡之宜，颇应慎重。故别设此款目以整理之。

第三　属于损益之款目

利息　栈单作抵之贷付金，无定期存款之透用等所收利息，并对于诸存款所付利息，皆于此款目整理之。夫银行收益之大部分，常为利息及次项之贴现费，且出入最繁，极应注意整理。

贴现费　期票及栈单押款之以贴现收入利息者，又对于此等期票栈单之转贴现而付出利息者，皆归此款目整理。其性质虽与前项利息无异，然既由贴现票及栈单押款之特种款目所生，亦以别为整理为合。

费手金 日文原称手数，料如汇费则费，汇兑之手而纳费，谓之费手金，名实正符合。费手金多从汇兑上所生应收应付之款，与前二者全然不同。故于此款目下整理之。

公债利息 虽同是利息，以别由公债证书所生，别设此款目整理之。

公债证书卖买损益

地金银卖买损益

公债证书及地金银之卖买，虽非银行本务，然银行不必无此等所有物。既如前述，即不必无卖却之时，卖买相较，价有高低，其为损益，亦一特别种类，故别设款目整理之。

签还公债证书损益 日文称公债证书的签损益。公债分年归还，每还一次，孰先孰后无可别择，以制签之法定之，故有此名。公债证书或逢偿却之时，所生损益与卖却时相同，设此款目以整理之。

兑差 日文称交换打步。吾国惯称金银铜各币彼此交为换兑，其所生盈不足为差，恰合交换打步之意，且名词简便，虽非旧有必可用也。兑换固非银行本务，然极有关系。时或因而有盈，时或因而有朒，设此款目以整理之。

杂益 如上所记各款目，因其性质之各异，各为区别以整理之。虽已颇得其宜矣，然必有不能赅括，又不便琐琐分列者，特观其属于利益之一种，括以此款目而整理之。

第二章 取引之分类并款项名目

诸税　租税之义务，终无能免，而其性质自异。故括以此款目而整理之。

薪金
旅费
杂费

此等款目，无庸解释。

诸损　前数项专为银行之损失。此外复有不能统以定名，或不甚经见者，每项专设款目，殊患繁杂，括以此款目以为整理，与杂益同意。

兹将本章所说，萃为一表，示之如后。

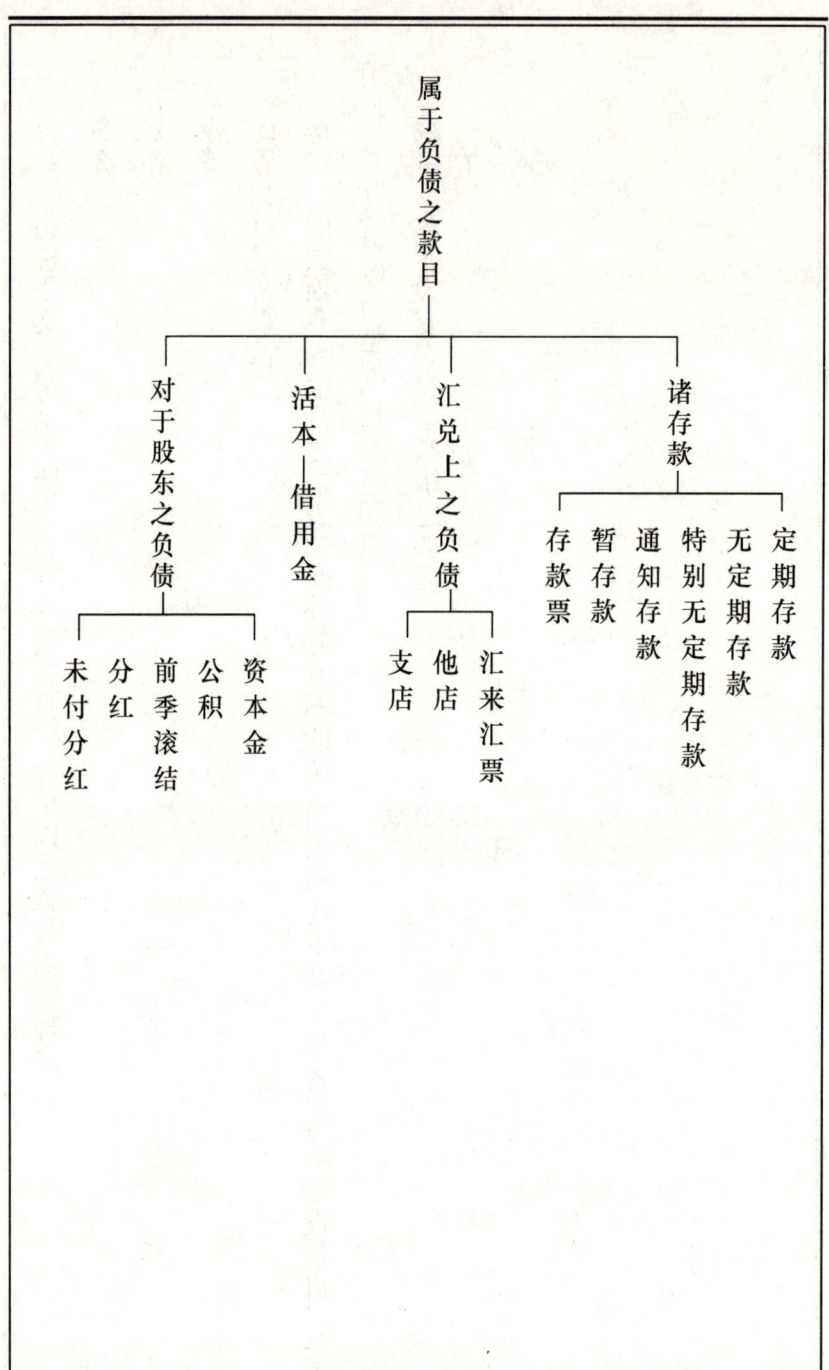

第二章　取引之分类并款项名目

属于资产之款目
- 贷出金
  - 贷付金
  - 无定期存款透用
  - 汇来货价票
  - 贴现票
  - 栈单押款
- 汇兑上之资产
  - 他店
  - 支店
- 存款
- 对于股东之资产——未入资本金
- 所有物
  - 土地房屋
  - 诸公债证书
  - 诸股票
  - 诸社债券
  - 地金银
  - 什器
- 金银

属于损益之款目
- 利息
- 贴现费
- 费手金
- 公债利息
- 公债证书卖买损益
- 地金银卖买损益
- 签还公债证书损益
- 兑差
- 杂益
- 诸税
- 薪金
- 旅费
- 杂费
- 诸损

第三章　借贷之理由并银行簿记之性质

如前章所述，各种取引，从其性质以为区别。于实行整理之时，尚有一始终一贯不可改移之原则。一经精通，虽如何错杂之取引，皆如快刀之斩乱丝。是即借贷二字之理，学者所当极力研求者也。乞述其概略。

盖复式簿记之原因，其存立也有由，其消失也有由。有者决不能无，无者决不能有。此方所得，即他方所失；他方所得，即此方所失。一得一失之间，价值高下实际虽可不必，然必视为同价。所受者五，所出者五；所出者十，所受者十。常相对待，无毫厘之差。是即所谓借贷之理。其借贷云者，对于一主者而方之也，必定其孰为主者，而后或谓之借，或谓之贷。苟无主者，即借贷无由而生，盖可知矣。

虽然，欲定主者，果何由定之耶？各取引账簿，各有整理之法。其性质异，则主者亦不同。未将账簿之种类组织述明，即亦无从论此，但从便宜，略说如左。

归户账即以所立之户之款目

金钱出纳账即以金钱。

日记账或日记细目账 细目日文谓之仕译，又谓之内译，即计开二字之义。即以各账之目。例如，甲商即营业主，亦即执账簿者，以百元之商品赊与乙商。其日记细目账，记入之借贷如左。

| 借方 | 乙商 | 100.— | 贷方 | 商品 | 100.— |

即借方以乙商为主，贷方以商品为主。

如此则主者既定其所以。为主者，乃中间有一营业主，即执账簿者。其所借出之方，谓之借方。其所贷入之方，谓之贷方。然则簿记学上所谓借贷，非与普通所谓借贷，有异义也。盖前例中之甲商，以金百元之商品赊与乙商时，以乙商为主，则乙商乃向甲商借金百元者。若以商品为主，则商品乃向甲商贷金百元者。再以甲商为主而论之，其所贷与乙商者，宾从商品借得者也。故云受五出五，出十受十。兹更为借贷二字，下一定义如下：

借者所借于营业主之值也，

贷者所贷之于营业主之值也。

然初学者尚有一最易误解之处，即金钱是也。盖金钱之为物，常居他物之对面。物值若干，即以

第三章 借贷之理由并银行簿记之性质

金钱偿之。故初学者意中，常以此为一种特别之物。不知曰金钱，不问彼此，皆计值而言之耳。其有所受，必由他一方出此值以与之。即金钱与之。此金钱遂为营业者之债主。而营业主所有之金钱，其可计之数，即金钱之值也。此所有之商品，亦以数计。即亦为商品之值。营业者既受此值，又以商品为债主，而立于借之地位。此在簿记学上无论如何，皆同等视之，以决不区分为原则。欲其不生误解，正须领会此理。任常人之所歧视，如商品，如金钱，若大有不相伴者。以出世法观之，则本来无别，直无由析而二之也。

按：此论借贷之理，簿记学中借方贷方之名，直万不可易。向见有人译家庭簿记，改借方为收款，改贷方为付款者，是固未解文理者也。吾国文字之差，贷与贷相混，其义逐与借字无别。于是借贷二字，成转注之训，忘其为对举之名，以不谬为谬。直以收付当借贷，殊不知收付乃固定之意，借贷乃流动之意。借者必有归还之义务，贷者必有索还之权利。彼收字中无必付之关系，付字中无必收之关系。就损益言之则可，当损益未定之前，乌能以收付二字，化神奇为臭腐乎？即以人事论之，见借贷二字则顾名思义。知非一成不变之收付，其犹有公私混淆，作无意识之侵蚀者，亦必鲜矣。

独是处理银行簿记之法，不但以金钱为主之账，有此特种办法。即日记账中，已成金钱出纳账之性质，必用金钱为主之记账法记之。初学有因此滋惑者，其实此非金钱有特性而生特种之办法，正以

二三

业务上本以金钱为主,其不关现金止用推收之账,亦于对面一方假定金钱之数。故无论何种取引,一方必伴以金钱,此为一定之原则。是故银行簿记之特质,一见虽似繁杂,其实不然。执此原则以施之他簿记,亦可信其大有便益也。

按:银行之于金钱犹商业之于商品,商业之营业者以金钱之值易得商品,犹银行之营业者以存户之值招徕金钱。所得者为商品,则商品为营业者之所贷,而居借方。金钱为营业者之所借,而居贷方。所徕者为金钱,则金钱为营业者之所贷,而居借方。<small>以存款之名义贷之,故为营业者之所贷。</small>存款为营业者之所借,而居贷方,<small>借其名义以招金钱。</small>此普通簿记之理也。然银行业以金钱为主。其日记账即有他商业金银归户账之性质,即所谓金钱出纳账也。夫既归金银之本户,则营业者所借即金钱之所贷,营业者所贷即金钱之所借,故反乎日记账以记之,存款之值反为金钱之所贷而居借方矣。其所以如此者,存款即金钱,存款之值与金钱之值合而为一,无庸复以金钱相对待。故金银归户账内之贷借,与日记账内相同,无庸复反记之。此所谓银行簿记,本以金钱为主者也。至推收之账,不关现金,亦合两款,又反乎普通商业之贷借,以并列之云尔。

照普通商业记法,设如收定期存款五百元。

银行簿记法,省去金银而反贷借之记号。

借 方　　　　　　　　贷 方
金　银　500,—　　　定期存款　500,—

照普通商业记法,设如贷付金一千元。

借 方　　　　　　　　贷 方
贷付金　1,000,—　　金　银　1,000,—

银行簿记法,省去金银而反贷借之记号。

借 方　　　　　　　　贷 方
贷付金　1,000,—

照普通商业记法,设如付贷付金一千五百元,推收作无定期存款。

借 方　　　　　　　　贷 方
贷付金　1,500,—　　金　银　1,500,—
金　银　1,500,—　　无定期存款　1,500,—

第三章　借贷之理由并银行簿记之性质

银行簿记学

银行簿记法,省去金银,反其贷借之记号而并之。

借　方	贷　方
无定期存款　1,500,—	贷付金　1,500,—

第四章 传 票

以千百为数之繁杂取引,欲整理使记账一出于正格,其用意极宜周到。无论现金出入,即推收款项,亦不可不将明示之方法,一一设定,使记账之际,不忧无据,此所以必须传票也。凡关现金之出入,与款目之变更,各异其趣。现金出入所用称收入传票及支出传票。款目变动更所用,称推收传票。不但自日记账及他主要簿,以致各种补助簿,皆据之以记账。凡几万元之付款,以此为登据而决之。几万元之收款,由此科通他科,任何等错杂之取引,亦据之以期无误。其用纸虽不必华美,要使所记载之要件,字迹极其明了方合。

今将通行之式,示其雏形如左。

收 入 传 票
西历1906年4月2日

无定期存款	谢祖元	
商业银行	100	00

支 出 传 票
西历1906年4月2日

无定期存款	谢祖元	
商业银行	100	00

推 收 传 票

借方　　　　　西历1906年4月2日　　　　　贷方

科　目	摘　要	金　额	科　目	摘　要	金　额
贷付金	谢祖元	100 00	无定期存款	谢祖元	100 00
现 金 支 出			现 金 收 入		
合　　计		100 00	合　　计		100 00

商 业 银 行

第四章 传 票

传票因欲令取引之性质，及现金之出入或款目之推收，有易知之便。故其所记载之要件，既如前述，务记明款目姓名金额等等。至有其他特应注意之事，可更记入下层空白之内。传票分色划线。通常收入传票赤色，支出传票青色，推收传票黑色。事务混杂之际，庶不致误。

今以收入无定期存款之一种取引，表示收入传票之形式。其于借贷上意义若何，解释如左。

借　方	贷　方
金　银　100.—	无定期存款　100.—

此式详说之。盖金银向营业主借得百元之价值，而存款则将此百元之价值贷与营业主。夫金钱何故谓之对于营业主立于借之地位乎？营业主得一种金钱，恰有百元之价值，此价值指簿记学上所写之数字，实际之价值如经济上所称有若何之价值，此非所问。则对此金钱，即以此价值付之。营业主不能空付，此有所付，在彼即不能不负所付之债。盖营业主一身，原无长物，必从他处负得此债以与之。再与反登其理，向一方付以或种价值，而生相当之负债。彼受我所付者，我即向之有所贷矣。此金钱对于营业主所立于借之地位也。次则存款何故谓之对于营业主立于贷之地位乎？营业主原不能从无生有，其能以百元之价值，贷与

解释之理略如前文，惟借贷二字为簿记学中最精之旨，义蕴较深，反复使之易晓，不当厌烦，且理同而解法不同，犹已解之算式，再以他法审之，科学中自有此种方法，庶晦涩之理易于豁然开朗也。

二九

金钱，必于他方负有相当之债。其负债之处，即在存款之名，此存款对于营业主所以立于贷之地位也。

凡考借贷位置，必先以金银为主，而后及其对面，此决非错误。平素果通借贷之所以然，理一而已，无论如何，必无误会。且金钱之为物，常有一种异样感觉印入人人心目而不能忘。从其易者解剖之，亦不失为一种便法也。

以金钱为主，则此乃金钱以百元之值贷与存款也。存款当居借方，参看前文。其对面之贷方，不必复列，而以常视其方有此金钱为原则，故可省减前记之式。书传票如左。

无定期存款　100,—

借　方　　　　　　贷　方
无定期存款　100,—　　金　银　100,—

此传票含有借方之意，名为收入传票，线用赤色以表明之。

以上所记，虽仅以无定期存款举其一例，其他可推而知之，不复赘述。次以现金付出之无定期存款，未支出传票之形式。解释如左。

仍依前例详说之。此为金银向营业主贷与百元之价值，存款从营业主借得百元之价值也。存款

第四章 传 票

何故对营业主立于借之地位乎？以彼于金银失百元之价值，而我得之，遂不能不以为从彼所贷，此存款所以对营业主而立于借之地位也。以彼之立于贷之地位，亦可以前例证明之何也？金银在营业主收入时既立借之地位，则付出时自不能不立贷之地位。又存款当存入时，立贷之地位，则取出时自不能不立借之地位矣。

以故，支出传票亦与收入传票同，省其关于金银之一方，止写：

无定期存款 100,—

字样，其所以表支出之意者。在蓝色线，亦与前同。

收入支出二传票，限于一种取引之中有他物可代，省去不用者。如无定期存款存入时，别有收入联票，由存户自将金额月日等一二记入。银行存其半边，余半边代存户持归。遇此等处，可即将银行所留之半边代传票之用。又支出无定期存款时，有自书小票为凭者，亦然。

最后示推收传票之形式。谓有应还之贷付金，即将其无定期存款划还，其意虽似繁复，且一方支出存款，他方收入所还贷付金，不外收入支出两传票合并用之法。然对于此取引，无实用二传票者，惟用推收传票。其故不外乎一出一入之金银无非假定，实际并无出入耳，兹将收入传票之应列借方者，先解剖之：

其本来之如式右。前以金银为主，则位置相反。金银为营业主之所借，而贷付金为营业主之所贷矣。再略去金银，则推收传票上之借方，仅有：

借　方	贷　方
金　银　100,—	贷付金　100,—

字样。此非贷付金真立于借之地位，真立借之地位者，乃系金银贷付金与之相对，乃向营业主而居于贷之地位者也。

又以其支出传票之应列贷方者再解剖之：

其本来之式如右。若以金银为主，则位置亦相反。金银为营业主之所借，而无定期存款为营业主之所贷矣。再略去金银，则推收传票上之贷方仅有：

借　方	贷　方
无定期存款　100,—	金　银　100,—

字样。然亦非存款真立于贷之地位，真立贷之地位者，乃系金银存款与之相对。乃向营业主而居借

之地位者也。

以上所记，凡推收传票虽止用于款目变更之取引，然有变更款目之中，仍有一部分为现金出入者。推收传票中有现金支出一格，即记其出。有现金收入一格，即记其入也。其例如左。

推　收　传　票

西历　　年　　月　　日

借方			贷方		
科　目	摘　要	金　额	科　目	摘　要	金　额
无定期存款	刘保原	100 00	贷付金	刘保原	150 00
现金支出		50 00	现金收入		
合　计		150 00	合　计		150 00

第四章　传　票

兹将本章所说萃为一表,示之如左。

传票 {
　收入传票,止用于现金收入之取引。
　支出传票,止用于现金支出之取引。
　推收传票,{ 用于变更款目之取引。
　　　　　　又用于一部现金出入之取引。

第五章 账簿之组织

银行所处理之主务，惟有金钱。然其取引性质颇杂，因此整理之账簿，其数亦多，且不可不各异其组织，故先总括诸取引。一览所及，凡资产负债损失利益之概可以尽悉，此之谓主簿。夫主簿，止括诸取引之总数，欲知详细，殊为欠点。更组织各种账簿，以便各记其详，此之谓补助簿，其数极多。以下依次详说之。

第一 主簿

主簿有二种。一曰记账，二款目归户账。日记账又细别之，有普通日记账、常单称日记账。增补日记账及日缔账三种。增补日记账更细别之，有普通无定期存款增补日记账、常单称增补日记账。特别无定期存款增补日记账二种。然视取引之繁简又可酌量加减，一任学者之选择。假如该银行特别无定存款尚少，则此款目不必用增补日记账，但于普通日记账内整理之足矣。又无定期存款透用一项若非常之多，则专设账簿整理之，可称无定期存款透用增补日记账。又贴现票或贷付金等等，若有多数，亦得一一设增补日记账。兹先就日记账说明之。

日记账 即普通日记账。就其名以审之，此所记乃日日所有之取引。从其性质，分别为款，各入相当款目之下之账簿也。是为各账簿之根，极须注意。其式如左。

借方						年　月　日				贷方
推收摘要	摘　要	归户页数	推收款目	现金收入	合　计	推收摘要	摘　要	归户页数	推收款目	现金支出	合　计
1										1

如前章所述，凡取引有现金出入者，有单以变更款目为推收者，日记账不问其为现金为推收，凡有取引，皆当记入。以故不拘收入支出各账，皆必设现金格与推收格。惟银行簿记之日记账，前文已

第五章 账簿之组织

说明,具他商业金钱出纳账之形式性质,其主位恒为金银。故左方上层记借字者,其意味为金银对营业主而有所借,故凡入金记入账方。记贷字者,其意味为金银对营业者而有所贷,故凡出金记入贷方。今设例以示记账之法。

光绪三十二年三月初八日(即西历一千九百〇六年四月一日)收元宝式定期存款现金一千元。

解剖此取引,即前章所说之理。

借 方		贷 方	
金 银 1,000.—		定期存款 1,000.—	

又日记账即以金银为主,如前所详说者,则可省略金银,遂与收入传票无异。

1906年4月1日

推收摘要	摘要	归户页数	推收款目	现金收入	合计	推收摘要	摘要	归户页数	推收款目	现金支出	合计
(定期存款) 元宝式				1,000|00	1,000|00						

银行簿记学

光绪三十二年三月初九日（即西历一千九百〇六年四月二日）支元宝式贷付金现金一万元。

解剖此取引：

借方
贷付金　10,000,-

贷方
金银　10,000,-

此与前同理，省略记之，与支出传票无异。

1906年4月2日

借方					
推收摘要	摘要	归户页数	推收款目	现金收入	合计

贷方					
推收摘要	摘要	归户页数	推收款目	现金支出	合计
	（贷付金）元宝式			1,000 00	1,000 00

光绪三十二年三月十一日（即西历一千九百〇六年四月四日）贝有才由无定期存款透用项下推收贷付金五千元。

此取引变更款目，并无现金出入，然可视为有现金出入。其意如左：

再略去金银，记法如左。

借　　方		贷　　方	
存款透用	金　5,000,—	金	银　5,000,—
	银　5,000,—	贷付金	5,000,—

1906年4月4日

推收摘要	归户页数	推收款目	推金收入	合　计	摘　要	归户页数	推收款目	现金支出	合　计
（贷付金）		贝有才	5,000 00		（无定期存款透用）			5,000 00	5,000 00

光绪三十二年三月十二日（即西历一千九百〇六年四月五日）支陈菊生期票贴现金五千元，内扣贴现费五十元，余金四千九百五十元付现。

此取引分拆如左：

借　　方		贷　　方	
贴现票	金　5,000,—	金　银	5,000,—
		贴现费金	50,—

银行簿记学

省略记之如左。

1906年4月5日

借方

摘要	归户页数	推收款目	现金收入	合计
推收摘要（贴现费）陈菊生			50 00	50 00

贷方

摘要	归户页数	推收款目	现金支出	合计
推收摘要（贴现票）陈菊生			4,950 00	5,000 00
			50 00	

光绪三十二年三月十三日（即西历一千九百〇六年四月六日）李笏堂贴现票五千元，到期由本人无定期存款中划出四千五百元，又加现金五百元清讫。

此取引细说如左：

借方

贴现票　　5,000.—

贷方

无期存款　4,500.—
金银　　　　500.—

省略如左。

金银　　　　5,000.—

金银　　　　4,500.—

第五章 账簿之组织

凡无定期存款，既别设日记账时，遇此项存款，不复记入，别记入增补日记账。例如某日无定期存款，推收所入合计一万元，现金所入合计五万五千元。惟将其出入各总数作一项记日记账。所出合计九千元，现金所出合计二万元。其日记账内，关于无定期存款，记法如左：

1906年4月6日

借方					贷方				
摘要	归户页数	推收款目	推金收入	合计	推收摘要	摘要	归户页数	推收款目	合计
（贴现票）李勿堂		4,500 00	500 00	5,000 00	（无定期存款）李勿堂			4,500 00	4,500 00

年 月 日

借方					贷方				
推收摘要	摘要	归户页数	推收款目	现金收入	合计	摘要	归户页数	推收款目	现金支出	合计
（无定期存款）增补日记账			10,000 00	55,000 00	65,000 00	（无定期存款）增补日记账		9,000 00	20,000 00	29,000 00

银行簿记学

增补日记账 此为应记日记账之取引之一部,即止关无定期存款之取引所记之日记账也。盖无定期存款取引之数极多,一一列入日记账,则每日之总取引混为一账。于本日之终,逐项清厘,转觉费事,故别析为此。

合举左之数例,以示所记账簿上形式。

光绪三十二年三月初八日(即西历一千九百〇六年四月一日)收王仁俊无定期存款现金五百元。

同日支朱得曾无定期存款现金千元。

同日收张元麟无定期存款现金四百元并汪清甫所出本行自书小票五百元。(汪清甫亦有无定期存款在本行内,故出此小票。)

同日石良由无定期存款中划一千元推收本人贷付金。

同日石良于无定期存款中取出五千元,内一千元托汉口支店汇往该地,余金四千元付现。

借方 1906年4月1日 **贷方**

推收摘要	推收款目	现金收入	合计	摘要	推收款目	现金支出	合计
王仁俊		500 00		朱得曾		1,000 00	
张元麟	500 00	400 00	1,400 00	汪清甫	500 00		
				石良		1,000 00	
				借 贷付金			
				石良			
				贷 汉口支店		1,000 00 4,000 00	7,500 00

第五章 账簿之组织

增补日记账为日记账之一部，其性质形式，与日记账毫无所异。其款目止为无定期一种，不阑入他款。至一日中总计之数，则记入日记账。若无定期存款有所推收，如例题中由汪清甫无定期存款以自书小票推收作账元麟无定期存款者。其推收摘要格内，止反对本方之为贷为借而书借或贷一字，以表明之足矣。

> 表明此推收之来历，不在他账，即在本账贷借相对之一方内。

若特别无定期存款亦别作增补日记账时，与此无异，不复赘述。

日缔账。此亦限于应记日记账之取引之一部。其与日记账之关系，与增补日记账之不同。盖与他店支店取引本店尚未收付现金者。即如通告有汇来汇票等情是也。一部者何，他店或支店与本店之间所生取引款目要直接过入款目归户账，乃将其日日之结余，加入日记账之结余，是为通例。故其别作处理之法，亦繁多之银行，汇款事务极夥。若悉载日记账，其复杂之患，与无定期存款等。其与日记账之关系所以异于增补日记账者，彼此无定期存款之一款目，此则与别设增补日记账等。其数甚多，必每款过入日记账，再过款目归户账，亦极复杂费事，恐支店他店各自以其店名为专款。左设数例，以示其形式及记入之方法。

不复能合记账之正格。

光绪三十二年三月十五日（即西历一千九百○六年四月八日）汉口支店通告，有汇来汇票金五百元，汇出人章杰，受领人曾琼。

四三

银行簿记学

同日,通商银行通告有汇来汇票金一万元。汇出人易平,受领人殷正能。

借方　　　　　　　　　　1906年4月8日　　　　　　　　贷方

推收摘要	摘要	归户页数	金额	合计	推收摘要	摘要	归户页数	金额	合计
汉口支店	(汇来汇票)增琼		50000		(汉口支店)	汇来汇票 章杰		50000	
通商银行	殷正能			10,00000		汇来汇票 (通商银行)		50000	10,00000
				10,50000		汇来汇票 易平			10,00000

按: 此项日缔账,据本书乃专为汇来汇票而设,更据日本他家簿记书,有以日缔账为支店与支店及支店与他店所有取引,日日通告本店而记入之。夫支店既自立一店,自当自由取引。半年期满,报告一切。支店与支店之汇兑底,则随时与本店推收,亦不必拘逐日报告。此本书之规模也。他家所释日缔之用,似束缚已甚。此未知于银行实务效力如何。据理而论,以本书为优。编者所受于讲师者如此,所据于森川镒太郎之银行簿记学亦如此。而米田喜作所著之实践银行簿记法,则如彼不敢论其优劣。附记于此,待实验者研究之耳。

款目归户账 此就前记之日记账,并其相类之增补日记账及日缔账,所列款目每日变动之状。

四四

每一款目区别记入，使各款目之对于营业主，所居借贷之方位及景况若何，可以一目了然之账簿也。因此可知营业主资产负债之情状，损失利益之如何，故极为紧要。今示记账之方法，及其形式如左。

日记账内第一例之记法。

定 期 存 款

西历1906年		摘　要	页数	借　方	贷　方	借或贷	结　余
4	1				1,00000	贷	1,00000

即以各款目为主，每一款目设一专项在日记账内。因以金银为主之故，定期存款之款目遂假列于借方，已如前所述矣。其所谓借，有金银向营业主借之之意。至以定期存款为主，则其意相反。盖对于营业主立于贷之地位矣，故不可不记之于贷方。而其对面一方，不问其实际上有无现金出入，可视为必有现金出入。此为原则，故于金银款目之下，互记此数如左：

日记账内第二例之记法：

金　银

西历1906年	摘要	页数	借方	贷方	借或贷	结余
4　1			1,00000		借	1,00000

贷付金

西历1906年	摘要	页数	借方	贷方	借或贷	结余
4　2			10,00000		借	10,00000

金　银

西历1906年	摘要	页数	借方	贷方	借或贷	结余
4　2				10,00000	贷	10,00000

其理可以前第一例推得，故不赘述。

日记账内第三例之记法：

无定期存款透支

西 历 1906年		摘　　要	页数	借　　方	贷　　方	借或贷	结　余
4	4			5,00000		借	5,00000
4	4				5,00000	借或贷	5,00000

西 历 1906年		摘　　要	页数	贷　付　金			
				借　方	贷　方	借或贷	结　余
4	4				5,00000	贷	5,00000
4	4			5,00000		借或贷	5,000000

金　银

日记账内第四例之记法：

贴 现 票

西历1906年		摘　要	页数	借　方	贷　方	借或贷	结　余
4	5			5,00000		贷	5,00000

贴 现 费

西历1906年		摘　要	页数	借　方	贷　方	借或贷	结　余
4	5				5000	借	5000

金 银

西历1906年		摘　要	页数	借　方	贷　方	借或贷	结　余
4	5			5000		借贷	5,00000
4	5				5,00000	贷	4,95000

日记账内第五例之记法：

西历1906年		摘要	贴现票		借或贷	结余
月	日		借方	贷方		
4	6			5,00000	贷	5,00000

西历1906年		摘要	页数	无定期存款		借或贷	结余
月	日			借方	贷方		
4	6			4,50000		借	4,50000

西历1906年		摘要	页数	金银		借或贷	结余
月	日			借方	贷方		
4	6			5,00000		借	5,00000
4	6				4,50000		50000

第五章 账簿之组织

四九

增补日记账内例题五个之记法。此账先过日记账,再转过入款目归户账,既如前述。且止记其合计之金额即得。其式如左。

无定期存款

西 历 1906年		摘　　要	页数	金　　　　银		借或贷	结　余
				借　方	贷　方		
4	7				1,40000	贷	1,40000
4	7			7,50000		借	6,10000

西 历 1906年		摘　　要	页数	金　　　　银		借或贷	结　余
				借　方	贷　方		
4	7			1,40000		借	1,40000
4	7				7,50000	贷	6,10000

日缔账内例题二个之记法。

汉口支店

西历 1906年		摘要	页数	借方	贷方	借或贷	结余
4	8			50000		借	50000

通商银行

西历 1906年		摘要	页数	借方	贷方	借或贷	结余
4	8			10,00000		借或贷	10,00000

金银

西历 1906年		摘要	页数	借方	贷方	借或贷	结余
4	8				50000	贷	50000
4	8				10,00000	贷	10,00000

汇 来 汇 票

西历1906年		摘要	页数	借方	贷方	借或贷	结余
4	8				10,50000	贷	10,50000

前记各例，贷付金金银贴现票等三款，其结余格内有贷数。无定期存款一款，其结余格内有借数。是皆决非常理。贷付金金银贴现票，其价值皆从营业主借得者，故结余常在借方。无定期存款，其价值为贷与营业主者，故结余常在贷方。然前例乃与相反，此由断章取义，适举得此种取引耳。惟前记数例，其所可知者，无论何账，其对面一方必为金银。因之他账出入必与金银出入，借贷相反而其数相符。故结余内亦借贷相反而数必相符也。

第二 补助簿

补助簿从种种方面观察所有取引而区分之，酌繁简之中，以补主簿之不足，并使取引之细情一览易知之账簿也。内分数种作用：一示金银之出入，二示对于本店所生之借贷，三使借贷聚于一幅易

一 示金银出入之账簿

银行家之于金银，如商家之于商品，金银盖银行家独一之商品也。故掌出入之役员，其必须慎重行事，固无论矣。即其收入支出，役员亦异其人。账簿亦各别为之，此为最要。虽事务稍简之店，因分置役员太不合算，亦有节省一员而账簿亦并出入为一账以为整理者。其形式亦列于左，但能避则总须避去耳。

于观览，四特详各取引。依次述之如左。

借　方			年　月　日			贷　方	
摘　要	姓　名	无定期存款	杂款目	摘　要	姓　名	无定期存款	杂款目

现金	他店票及自书小票	摘要	年月日	姓名	无定期存款	杂款目

摘要	姓名	年月日	无定期存款	杂款目	收入	
					摘要	金额

以上所列第一例为收入支出合成之出入账，以金银居主位。其为借为贷皆金银对于营业主之所借所贷位置。如此则借即以示入金，贷即以示出金，其性质从而定矣。惟上列三例，皆别设无定期存款一格者，以无定期存款出入极多，故为此特种之处理。自为结数，与各方面斗合，以防致误。其用意不外乎此。支出账上有收入一项者，即记收入账上本日受入金及前日结余之数，以此较支出之数，为本日余数与日记账所表之余数。斗合相符，即知出入账之合法，此检账之一便法也。

二 示对于本店所生借贷之账簿

此账簿称归户账而有多种。如无定期存款归户账、贷付金归户账、贴现票归户账、栈单押款归户账、他店支店款目归户账、总款目归户账是也。就中总款目归户账，已于主簿内说明之，兹不再述。

无定期存款归户账 此有普通特别二种，前既述之。故归户账亦不能不别为二，何也？款目既异，而归户账不分，则与总款目归户账关系联络之处极形不便，欲其记账之合格，殆无此理。且特别无定期存款不能透用，普通无定期存款则以能透用为常。因此之故，账簿之组织，亦自不能不异。乞先言普通无定期存款。

通账顺号 自书小票字号	西历年	摘要	自书小票顺号	姓名	借方	贷方	职业	借或贷	住所	结余	积数		日息 透用 存款	利息	
											日数	借方 贷方		借方	贷方

此以存户为主，每一人设一户，以示存户对于营业主借贷之情状如何。其所云借贷，乃存户对营业主有所借或贷也。存款付出时列借方，存入时列贷方。因欲计算利息，故设日数积数等格。每年

有一定之时期，据以决算。有透用之约，则以极度金额记入上层，以唤醒记簿者之注意。利息率数亦记入上层为便。

特别无定期存款归户账形式如左。

通账顺号							
姓　名			职　业		住　所		
西历年	摘　要	借　方	贷　方	日数	积　数	利　息

其原则与前无异，惟例不透用，故可省略不书。其利率亦不记入者，特别无定期存款利率不因人而异也。其上层独编号数者，便检查也。

贷付金归户账　此账以借主为主，以示借主对营业主所负债务之情状。其形式如左。

姓　名			职　业		住　所		
西历年	顺号	摘　要	借　方	贷　方	结　余

第五章 账簿之组织

贴现票归户账 此以记贴现票上关系人。对于本店所负票上之义务，贴现之可许若与否，以此决之。则其初必审此各项关系，固无论矣。其形式要不繁不简，然无一定。今举可认为完全者如左。

用款方						还款方				
西历年	顺号	还款人	姓名	期日	借方	贷方	结余	职业	住所	
								西历年	顺号	用款人	期日	借方	贷方	结余

仅有期限，然贴现则重在期，即约束手形之用亦重在期。故以期票之名当之。

有此义务之人，在汇票为受领人，在期票为出票人。且此项关系还款人有还款之义务，不问其为汇票为期票。

汇票亦有有期者，惟有期故需贴现，日文原称为替手形，约束二字之意原不此无可疑。期票在日文称约束手形，约束二字之意原不

汇票已由汇出人交款于银行，特指定付给之期日，受领人先期售之人，一票止有一人。故合各户结余之数，与本店贴现票总金额相符。汇票已由汇出人交款于银行，特指定付给之期日，受领人先期售之人也。期票在出票人也。

现，到期此款仍为该受领人所应得，特已售与银行，银行可收该受领人之款，负还款义务者，受领人也。期票在出票人须到期付款，则票虽已出，款尚未付。受票人则先期贴现，他日到期仍向出票人取款。负还款义务者，出票人也。

五七

银行簿记学

款不能有两人分还，故一票止有一人。

用款人止有担保存款必还之义务。在汇票为汇出人，在期票为受票人。不经里书，照票面所开，亦止一人。既经里书，则票已移转现在来本行贴现用款之人，非票面之人。凡票转用于他人，书年月日及转得之人于票之背面，谓之里书。里书又可辗转为之，但负责任者除票面之人之外，惟最后里书人耳。故负此义务者不止一人。人立一户，合各户结余之内数，每与本行贴现票总金额不符，盖立户多则一款不止一见，有重复者，在则恒超过总金额之数矣。设种种取引，以示记账之形式如左。

光绪三十二年三月廿一日（即西历一千九百〇六年四月十四日）贴现汇票金五千元，汇出人大生纱厂，票面受领人即还款人杨仲常，到期受领人，本店。贴现售与本店，本店则初被里书之人，到期得受领此款，但不必立户。

西历年号	顺号	还款人	期日	姓名 大生纱厂	职业	住所	借方	贷方	结余

西历1906年	顺号	用款人 杨仲常汇票	期日	借方	贷方	结余	还款方
	414			5,00000		5,00000	

姓名 杨仲常		职业		住所				
西历1906年	顺号	用款方	还款人	期日	借方	贷方	结余	
	414	大生纱厂填出汇票			5,00000			
西历年	顺号	用款方	还款人	期日	借方	贷方	结余	
						5,00000		

此例乃票上关系止有二人者，一左一右，金额相同。

光绪三十二年三月廿二日（即西历一千九百〇六年四月十五日）贴现汇票金一万元，汇出人：三星纸烟公司；票面受领人即还款人：大生纱厂；里书受领人：品海纸烟公司。此项贴现票到期亦由本店受领，但此略之。

姓名 三星纸烟公司		职业		住所			
西历1906年	顺号	用款方	还款人	期日	借方	贷方	结余
	415	大生纱厂汇票			10,00000		
西历年	顺号	用款方	还款人	期日	借方	贷方	结余
						10,00000	

用款方

西历1906年顺号	还款人	姓 名 大生纱厂 职 业		住 所	还款方	
		期日	借方	贷方		结余
415	三星公司汇票		10,000 00	10,000 00		

用款方

西历年 顺号	还款人	姓名 吕品海纸烟公司 职业		住所	还款方	
		期日	借方	贷方		结余

西历1906年 顺号	用款人	姓名 期日		住所	还款方	
			借方	贷方		结余
415	三星纸烟公司填给大生纱厂汇票		10,000 00			10,000 00

此例乃应担保义务者多，居右方之金额遂有重出，必与贴现票总金额不符。此外或尚有票上关系人，每人立户，金额之不符益甚。惟然，故有于右方格内所记，止限一现来贴现之人，即最后之里书人，以冀免此缺点者。然贴现票之效力又不完全，亦非法也。

光绪三十二年三月廿三日（西历一千九百〇六年四月十六日），贴现票金三千元，出票人即还款人：图书公司，票面受领人：晋昌锯木公司。领人：本店。

此亦略去到期受用款方：图书公司，票面受领人：本店。

西历年	顺号	姓名 晋昌锯木有限公司	职业	住所	用款人	期日	借方	贷方	结余
西历1906年	416	还款人 晋昌锯木有限公司					3,00000	3,00000	

西历年	顺号	姓名 晋昌机器锯木有限公司	职业	住所	还款方	期日	借方	贷方	结余
西历1906年	416	用款人 图书有限公司填出期票					3,00000		3,00000

此外有里书人时，每人立户，与汇票同。

光绪三十二年三月廿五日（即西历一千九百〇六年四月十八日），贴现期票金五万元，出票人即还款人：苏省铁路公司，票面受领人：本店。

第五章 账簿之组织

六一

银行簿记学

此即贷付金之变体，可称之为加甚之借据。在用票未发达之国，如日本等国，其数尚极多。其记法如左。

用款方　　　　姓　名　苏省铁路公司　职　业　　　　住　所　　　　还款方

西历1906年	顺号	还款人	期日	借方	贷方	结余	西历1906年	顺号	用款人	期日	借方	贷方	结余
	418	本公司期票		50,000.00		50,000.00		418	本公司填出期票			50,000.00	50,000.00

此为一人负票上面重义务，所责乎票者，以其关系人之多，故票之资格重也，今仍不具备。责之所归止苏省铁路公司一人。故谓为一人负两义务，询不诬也。

以上不问其属何类，当还款之时，必于一票上各关系人户下，记入贷方。而于期日格内，记受入之日。以示此票上各人关系。皆为已毕。

上所记形式之外，倘贴现票非常之多，则此种银行，特设用款人归户账，还款人归户账分别整理，亦是一法。既免账簿之浪费，且役员事务有各人分值之便。

转贴现票归户账　　银行因欲运掉资本，有转贴现之法，已所受人贴现之票，转向他银行贴现，以资周转。此账簿即概括此种票，以供整理之用。其形式如左。

此就所向转贴现之银行，每行立户，用款时即于用款方格内记入，到期由还款人还讫，再记入还款方格内。此全为记明该票之结局。而于贴现票记入账内，以红字记转贴现之日消去此款。由于还款方格内其日即为受入月日，记入受入月日格内。又其归户账，则以转贴现之日记入受入月日格内。若银行于转贴现票处理甚多，则设用款人归户账及还款人归户账以区别之，与贴现票同。

栈单押款归户账 此以整理栈单押款各户之贷出数之账簿也。其形式如左。

银行

西历年	摘要	期日	用款方数	还款方数	结余

债务者

西历年	顺号	摘要	期日	借方	贷方	结余

他店支店款目归户账　本店与他店或支店之间所有之取引，以此账整理之，并供计算借贷利息之用之账簿也。以银行论，本店支店之间，原可无需计较，似不必设精密之记法。不知既以本支店各自分立，即于借贷上有严密之计算法行之。利息应付者付、应收者收。精查损益之多少，一则可使各支店互相勉励，一则监督支店业务之一法也。

夫既如是，以严密之制裁监督支店，则其往来归户账，亦可如对于他店之组织。将他店支店共记一簿，或亦无妨。是又不然，二者性质大异，非各别记之不可。惟然，在支店一方，亦必设本店往来归户账，以整理其各往来。其组织及记法，与本店所设之往来归户账毫无所异。

兹先述其组织本店与他店或支店之间所有取引，察其种类如左。

汇往汇票、发往收款票、汇来货价票、自书小票、杂整理此各项，有种种方法，详说如左。

第一法　前数项取引欲整理之，必本店与他店或支店互有无定期存款之往来，由本店所向者，为本店以无定期存款存入他店或支店，是谓往来。来账中，账汇票称汇来汇票，收款票称发来收款票，货价票称汇往货价票，以与本店所向者区别。

由本店所向者，于他店或支店账内，本店所存无定期存款项下为收付。由他店或支店所向者，于本店所向者彼以价来，由发货者托银行，转令对面银行收价，故为往账。然实是令受货人将价汇来，故为来账，其意相同，在当地商家则是汇往也。价票，以与本店所称汇来货价票之为来账，此以货往彼以价来，由发货者称汇往货价票。汇往货价票之为来账，

第五章 账簿之组织

店所向者，于本店账内，他支店所存无定期存款项下为收付。对于此等取引，其算息之法，不但各银行不同，且可两方在意约定。但方法虽无一定，大概不外二种。虽有二种，其结果毫无所异也。

第一，所向之店以实在收付之日为起息之日，而以消账之前日结算。

第二，所向之店以实在收付之翌日为起息之日，而以消账之当日结算。此其所向之店，收付尚未实在以前，先视其取引之性质，记入相当之款目内。及实收实付时，移入一定款目内，以为收付利息之根据。此一定款目，亦称金银与总款目归户账之金银款目。同名而其实全异。

他支店款目归户账之形式如左。

西历年	某银行（或某支店）	往账（或来账）		何（款目）
利息起算日	摘要	借方	贷方	借或贷 结余

即以他店或支店为主，别之为来账往账二种。更分往账为汇往汇票、发往收款票、汇来货价票、

自书小票、杂五种。分来账为汇来汇票、发来收款票、汇往货价票三种。每种皆加一金银款目,为实在收付据以起息之账。今设例说之。

光绪三十二年三月廿二日(即西历一千九百〇六年四月十五日),甲银行通告有汇来金五千元之汇票。

甲　银　行

西历 1906年		摘　要	借　方	贷　方	借或贷	汇来汇票 结　余
4	15	利息起算日	5,00000		借	5,00000

三月廿五日(即西历四月十八日),右汇票付讫。

甲　银　行

西历 1906年		摘　要	借　方	贷　方	借或贷	汇来汇票 结　余
4	15	利息起算日				
4	18			5,00000	借	5,000000

收付未毕之间,止列此款目内。至实在收付时,再以次法整理之。乃为利息起算之法。

此即前仅据通告之账，今已实在付讫，反作收款以消此账。消之乃所以移之也，盖此账已无所用，移入下账矣。

阅前账即知甲银行一时以汇来汇票之款目，来居于借之地位所向之店，实在收付既毕，可以起息之时，乃移入金银款目，而居借之地位。

光绪三十二年三月廿三日（即西历一千九百〇六年四月十六日），由甲银行发来金五千元之收款票。已由甲银行之款目内付出，与汇来汇票款目相对，为本店之所借。一方自生资产，一方自生负债。对于甲银行为资产，对于汇来汇票为负债。日记账于通告之日即可整理之。收款票之发来，并未生资产负债之关系。当实在收入以前日记账上无何等之记法。故他店支店款目归户账，并不得为真正记入何也？日记账尚未记入，而他支店款目归户账遽为真正记入，则与总款户账，亦不得为真正记入何也？

如前一例，或已付现金，或尚未付现金，

甲银行		来账		金银	
西历1906年	利息起算日	摘要	借方	贷方	借或贷	结余
4	18		5,00000			
4	18				借	5,00000

归户账必不符合。夫总款目归户账,乃由日记账而生,所示借贷之结余,为表明资产负债之根本账簿,岂可听其不相符合耶!故先以红字记左之金额,左表〔 〕之,中为红字。当检查他支店款目归户账之结余时,可置之结数之外,盖账簿贵其互相关联也。

三月廿七日(即西历四月二十日),右票款收讫。

甲 银 行

来 账

西历 1906年		利息起算日	摘 要	借 方	贷 方	发来收款票	借或贷	结 余
4	16				(5,00000)		贷	(5,00000)

甲 银 行

来 账

西历 1906年		利息起算日	摘 要	借 方	贷 方	发来收款票	借或贷	结 余
4	16	4	20			(5,00000)	贷	5,000000

此亦消账之法。消讫此账过入金银账，乃为真正记入，与前例同。

甲银行 来账

西历1906年	利息起算日	摘要	借方	贷方	借或贷	金银结余
4 20	4 20			5,00000	贷	5,00000

汇往货价票记法，与前例同，略之。

光绪三十二年三月廿七日（即西历一千九百〇六年四月二十日），甲银行通告付本店所自书小票金五千元并将该小票附到。

此时所向之方即本店，以受入之日即四月二十为息且之日，直记入金银款目。

按：自书小票，独不论真正收付之日，但以送到该小票之日为起息日。则付款之银行，必宕空几日利息。理不可通，质之。正则簿记会长原圭南先生据云日本银行现尚如此，无他情理可据。彼可来此亦可往，听其暗中消息之而已。似此则彼中银行办法。尚以为数无多，故立法不甚精密。

有缺点存焉，当改良也。

光绪三十二年三月二十二日（即西历一千九百〇六年四月十五日），汇往甲银行汇票金千元。

甲　银　行　　　　　　　　　　　汇往汇票

西历1906年		摘　要	借　方	贷　方	借或贷	结　余
4	20	利息起算日		5,00000	贷	5,00000

甲　银　行　　　　　　　　　　　往　账

西历1906年		摘　要	借　方	贷　方	借或贷	结　余
4	15	利息起算日		1,00000	贷	1,00000

三月二十七日（即西历四月二十日），得通告右票金干十八日付讫。

汇往汇票

西历1906年		利息起算日		摘　要	借　方	贷　方	借或贷	结　余
4	15	4	18			1,00000	贷	1,00000

光绪三十二年三月二十七日（即西历一千九百〇六年四月二十日），发往甲银行收款票金三千元。

甲　银　行

往　账

西历1906年		利息起算日		摘　要	借　方	贷　方	借或贷	金银结余
4	20	4	18		5,00000	1,00000		1,00000

银行簿记学

四月初二日(即西历四月二十五日),得通告右票款于二十二日收讫。

甲 银 行 往 账

西历1906年		摘要	借方	贷方	借或贷	发往收款票结余
4	20		(3,000.00)		借	3,000.00

甲 银 行 往 账

西历1906年		利息起算日	摘要	借方	贷方	借或贷	发往收款票结余
4	25	4 22		(3,000.00)	(3,000.00)	借	3,000.00

甲 银 行

西历1906年		利息起算日	摘要	借方	贷方	借或贷	金银结余
4	25	4 22			3,000.00	借	3,000.00

汇来货价票记法，与前例同，略之。

光绪三十二年三月二十七日（即西历一千九百〇六年四月二十日），付甲银行自书小票金一千元，即送该票与甲银行讫。

甲　银　行　往　账

西历1906年		摘要	借方	贷方	借或贷	结余
4	20		1,00000		借	1,00000

四月初二日（即西历四月二十五日），得通告于二十二日受入。

甲　银　行　往　账　自书小票

西历1909年		摘要	借方	贷方	借或贷	结余
4	20	利息起算日		1,00000		
4	25	4　22	1,00000		借	1,00000

以上所记部类中，无一可列，又不能直列金银款目者，别设杂项之款目整理之。

第二法　在第一法中，金银款目尚分往账来账为二。此则合并为一种金银款目。既确定起息之日，不问其为往为来，概记入之。此比前法稍为简便。

第三法　仍如前二法而不细别，止分确定账 即前二法中所谓金银款目。 及假定账之二款目。取引未完，未达起息之日，不问其为汇票，为收款票，为货价票，为自书小票，概入假定账内。至对面银行实在收付后消账。以收付之日为起息日而移入确定账。设例如左，以示记法。

光绪三十二年三月二十五日（即西历一千九百〇六年四月十八日），由甲银行通告有汇来汇票金一万元。

同日汇往甲银行汇票金八千元。

甲银行

西历1906年		摘要	往账		金银	
			借方	贷方	借或贷	结余
4	25	利息起算日	1,00000		借	1,00000

第五章 账簿之组织

三月二十六日(即西历四月十九日),甲银行之汇来票金一万元付讫,同日发出甲银行汇来货价票金四千元。

三月二十九日(即西历四月廿二日)甲银行通告汇票金八千元,于二十日付讫,同日由甲银行发来收款票金三千元。

四月初二日(即西历四月二十五日),甲银行通告汇来货价票金四千元,于二十三日收讫,同日甲银行之收款票金三千元收讫。

甲 银 行 往 账

西历1906年		利息起算日		摘 要	借 方	贷 方
4	18					8,00000
〃	19	4	20			4,00000
〃	22	4	23		(4,00000)	
〃	25				8,00000	

甲 银 行 假 定 账

西历1906年		利息起算日		摘 要	借 方	贷 方	借或贷	结 余
4	18					8,00000	贷	8,00000
〃	19	4	20			4,00000	〃	4,00000
〃	22	4	23		4,00000		借	0
〃	25				4,00000		〃	4,00000

七五

甲　银　行		来　　账		假　定　账	
利息起算日	摘要	借　方	贷　方	借或贷	结　余
西历1906年 4月18		10,00000		借	10,00000
〃　19			10,00000	贷	0
〃　22		(3,00000)	(3,00000)	贷	3,00000
〃　23					

甲　银　行		来　账		确　定　账	
利息起算日	摘要	借　方	贷　方	借或贷	结　余
西历1906年 4月19				借	10,00000
〃　25		10,00000	3,00000	〃	7,00000

第四法　更省略前法，不分往账来账，止分确定账假定账为二。不问其为往为来，取引未完者概入假定账，已完者概移确定账。

第五法　更为最省略之法，不分确定假定，概入一款目之下。至实在收付时，记入起算之日，以为整理之一法。今仍用第三法之例题，以示记账之式。

四月十八日账：

甲　银　行

西历1906年		摘　要	借　方	贷　方	借或贷	结　余
4	18		10,00000		借	10,00000
〃	〃			8,00000	〃	2,00000

四月十九日账：

西历1906年		利息起算日	摘　要	借　方	贷　方	借或贷	结　余
4	18	4	19	10,00000		借	10,00000
〃	〃				8,00000	〃	2,00000
〃	16			(4,00000)		〃	6,00000

四月二十二日账：

第五章　账簿之组织

七七

四月二十五日账：

西历 1906年		利息起算日	摘 要	借 方	贷 方	借或贷	结 余
4	18	4 19		10,00000		借	10,00000
〃	19	〃 20			8,00000	〃	2,00000
〃	22				(4,00000)	〃	6,00000
					(3,00000)	〃	3,00000

西历 1906年		利息起算日	摘 要	借 方	贷 方	借或贷	结 余
4	18	4 19		10,00000		借	10,00000
〃	19	〃 20			8,00000	〃	2,00000
〃	19	〃 23			(3,00000)	〃	6,00000
〃	22	〃 25		(4,00000)		〃	3,00000

第五章 账簿之组织

此第五法,不论货价票收款票,一律记入。但未实收实付时,则一律不记,是亦一法。以上五法之内,第一法失之太繁。第二法虽少简,然不分来账往账,如汇兑之往来,彼此约法不同,以款与对面之店照存款照起息对面之店代付款照用款起息之类。有时觉其不便。第四法亦不免此缺点。第五法又病其太简。若第三法则可谓最通常之记账法矣。

如上所述,极为复杂,兹更以表示之如左。

第一法
├─ 往账
│ ├─ 汇往汇票
│ ├─ 发往收款票
│ ├─ 汇来货价票
│ ├─ 自书小票
│ └─ 杂
│ └─ 金银款目
└─ 来账
   ├─ 汇来汇票
   ├─ 发来收款票
   └─ 汇往货价票
   └─ 金银款目

银行簿记学

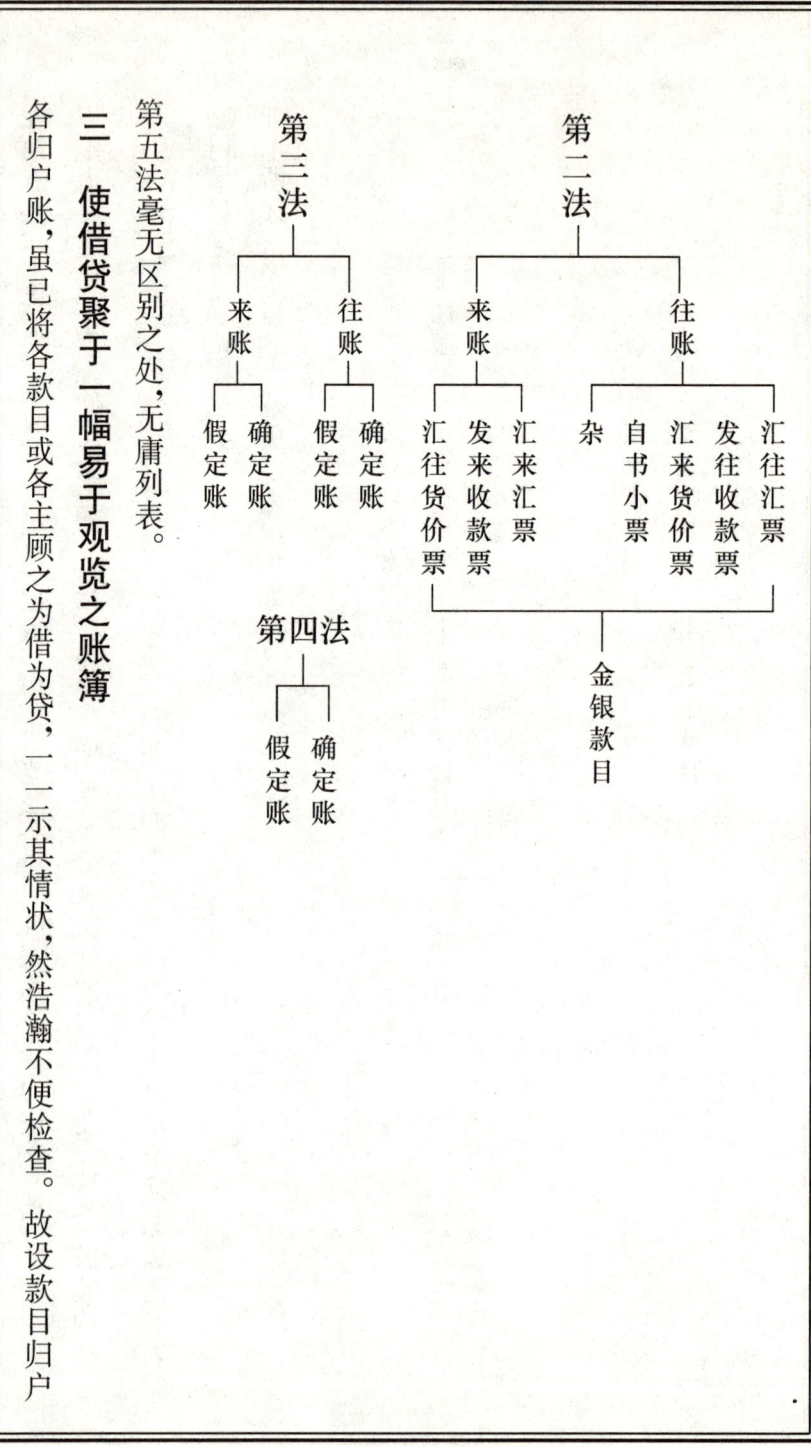

第五法毫无区别之处,无庸列表。

三 使借贷聚于一幅易于观览之账簿

各归户账,虽已将各款目或各主顾之为借为贷,一一示其情状,然浩瀚不便检查。故设款目归户

第五章 账簿之组织

账内结余记入账，一以便于检寻，一以易于核对归户账之误否。款目归户账内结余记入账，此账簿顾名可以思义。从款目归户账内，摘其各款目结余之数，日制一表，以检主簿日记账及款目归户账。记法之正否。其形式如左。

借方	科目	归户页数	贷方	年 月 日
……	无定期存款		……	
	定期存款		……	
	特别无定期存款		……	
……	汇来汇票			
……	贷付金			
	贴现票			
	无定期存款透用			
	某店行		……	
	甲银行			
	乙银行			
	军事公债			
	整理公债			
	地金银			
	地所家屋		……	
	什资器具			
	公本金		……	
	利息积费		……	
……	贴现费			
	杂益		……	
	杂损			
	诸			
	……			
	……			
……	金 银			
1,500,000 00			1,500,000 00	

银行簿记学

按：表内整理公债之名，为日本所专有。明治之初，百事待理，而所入不敷，旋行纸币以救之。后益不支，财政将大决裂，乃起公债以整理之，专为收回纸币整顿圆法之用。明治十九年，定整理公债条例，即此事也。夫此日本之故事，与吾国无与。本书设题，多从中国人名地名，取其目之所习，览者易晓。则凡中国未有之款目，似宜一律削除。今犹存此等费解名色，以待详释者，其中如公债社债各款，为开明之社会所必有。则虽未脱草昧盖藏之习。于财务之组织，多不完具，又法律二字为束缚之代名词，而不以为众人心理之所表见。此义所包者广，非本说所能尽，聊发其端以致慨。要其阑入中国未有之事实，以为例题，正愿深识者触而知警。致力于社会之发达之君子视之以为庸人自扰，其小人则以为厉已也。故今日研究宪政等，会所生效力，未必及能助社会之发达之宏且远。至整理公债之名，则非吾国所必无，断不能谓将来所必有。亦仍之不去者，吾国财政之不理，士大夫不稍窥专门之学，仅局于历代食货一志，囿其眼孔，恐未足以任转旋之重。然终非不窥专门所能尽其曲折也。整理公债为日本财政中一大纪念，欲去之，终惜之，公债二字，复有学说，决非近日国民捐济国用。吾国民今日之报效，在行政者恃之，则为幸心，乌有丝毫财政之观念存乎其间耶，乃至以签捐济国愿以他人之记者为参考，为警醒。然终非不窥专门所能尽其曲折也。其君子视之以为庸人自扰，其小人则以为厉已也。不然社会无此错综，何庸以错综之法律维系之。

归户账内借方有余数，记入此账借方；贷方有余数，记入此账贷方。两方总数常必相符，何也？借方表当店之资产，贷方表当店之负债，其资产与负债两不虚生。一方生资产，他一方必生负债。故借贷若不一致，是必从归户账摘出之际有所舛错。但借贷相一致矣，遽谓归户账必不复误，此殊未可断言，何也？设有一万元之贷付金，从借户本有谬误，可证明也。资产负债，常相一致，是为原则。定期归户账必不复误，此殊未可断言，何也？设有一万元之贷付金，从借户还来，而误记于贴现票之还来项下。款目之误，不得于此账发见。故金数之误，得于此账发见。究其归宿，在写传票及记日记账、记归户账时，非极一致？

慎重不可。本账簿之用，谓多一核对则可，其实将使借贷要领一目了然，并不以核对为专长也。更有一种式样，左之所示是也，以款目之性质为别，如属于存款者共几许，属于贷出金者共几许。以致损失利益之景况如何，现金计数之多少如何等等。以此检营业上之情状，极为便利。

借　方	年　月　日 科　目	归户页数	贷　方
	存款计算		
	无定期存款		……
……			
	贷出金计算		
	贷　付　金		……
……			
	借用金计算		
……			……
	他店计算		
	甲　银　行		……
……			
	支店计算		
	某　支　店		……
……			
	损益计算		
	贴　现　费		
	利　息　费		
	杂		……
……			
	金银计算		
	……		……
……			
2,000,00000	合　　计		2,000,00000

凡归户账内结余记入账，除右一种外，尚有左数种。

第五章　账簿之组织

无定期存款归户账内结余记入账，
贷付金归户账内结余记入账；
贴现票归户账内结余记入账；
他店支店往来归户账内结余记入账。

以上各种，每十日或十五日一制，以与款目归户账斗合。既可审各账之无误与否，且便于寻检。

四 特详各取引之账簿

由以上所举诸账簿，可以总括取引之概略。虽亦备极检点之便，然除无定期存款之外，尚无由尽知其详，此本项之所以论列也。此种账簿，以记入账名之，从取引性质。每一取引，辄明细记之焉。

定期存款记入账 定期存款者，出入简单。一人名下不占几款，且不至无定期通常不许取出。有时一人或占数款，是为特例。大概无此繁杂，故不必设归户账，单以记入账整理之。其式如左。

西历年	证书顺号	姓名	职业	住所	期限		利率	利息	金额	支出月日	摘要
					年月日						

第五章 账簿之组织

暂存款记入账

存款票记入账

暂存款与存款票，如前所述，其性质大同小异。利息亦同以不付为常。故账簿之形式，毫不见其必应区别之处，其式如左。

西历年	顺号	摘要	姓名	金额	利息	
					利率 金额	支出月日 摘要

汇往汇票记入账 此就一汇往汇票，明示其起因以致结果之账簿也。其形式如左，汇兑相往来之银行，每一行置一区别，为最便利。

西历年	顺号	汇出人	受领人	票面金额	费手金	摘要

汇票常现期取付,有时或非无定期。据森川氏簿记学中账式,有期日一格。吾辈所学之新式账簿,乃早稻田商科所用者,则无之。今账式一律用早稻田式,从所习也。但贴现票中有汇票贴现,则为有期日之汇票,非限于期,无从贴现。附记其异同于此,亦可以知汇票贴现之由来矣。

汇来汇票记入账 此就一汇来汇票,明其起因以致结果之账簿也。其式与前者无大异,但无费手金一格耳。

贷付金记入账 贷付金往往有原数内先还若干,或掉换担保品等事。故与他记入账有异,不能每取引同列一幅。其组织具有归户账性质,每人立户,每户多留空白。盖恐担保品出入等情,不留余地以容之,未为便也。

按:此亦森川氏旧说,新式账簿多不从之。今举新式如左。

西历年	顺号	借主	归户页数	保证人	担保品	担保品价额	贷付金额	期限	期日	日数	利率	利息	收入月日	摘要

又按：旧式有预证番号一格，在担保品之前，预证应译作收据。乃收入担保品时，给予收据为凭也。番号应译作顺号。今依新式，番号格在借主之前，似取引之号数。旧式无之，应记号数者，似以收据为尤要。今式乃据米田氏簿记学，为银行班授课之本。此一事新不如旧，合数本比较即有改良之能力，学有专科，功用如此。

他地贴现票记入账

当地贴现票记入账

贴现票之归款人，即在银行所在地者为当地，否则为他地。当地者记入前一宗账，他地者记入后一宗账。属他地者收取时必须对面银行送付，且其他处理之法，亦与当地者稍异其趣。故分别记入为宜，但账簿之式毫无所异。

西历年月	顺号	票之种类	用款人	归户页数	出票人	归户页数	担保品			出票月日	期日	贴现日数	贴现利息	贴现费	票面金额	收入月日	摘要
							品名	量数	价额								

转贴现票记入账　贴现票归户账所括之事实，有以转贴现为归结者，以此账簿明之。

银行簿记学

所向贴现之银行，以每行为别，顺次记入。

栈单押款记入账 此将栈单押款明细记入之账簿也。其式如左。

银　行													货　物						债权者											摘要
西历年	顺号	票之种类	用款人 归户页数	出票人 归户页数	出票月日	期日	贴现日数	贴现利息	贴现费	票面金额	收入月日		品名	数量	时价	折担保价	合额	合计	西历年号	债务人	里书人	栈单顺号	期日	日数	利率	金额	贴还贴现费 日数	利率	金额	

上记之式，栈单押款之组织，视为与贴现票同一办法。故不云利息而云贴现费。夫栈单押款，当设定此质权时，栈单押款，日文本名质入证券，故称。质权二字乃法律中一定名词，未敢轻改，仍之而附记其由如此。若不附记利率。若不附记，恐难于算

利息。质物多以使用为利息，故必须记明有息。然犹恐尚有漏记，故从贴现费之例。先向付取，能于期日以前归款，则还其相当之贴现数。此所以特设贴还贴现费之一格也。但此种办法，尚费研究，盖处理尚未轻便，不无遗憾也。

汇来货价票记入账

汇往货价票记入账

货价票不外以他地购货之汇票，贴现先取。其记入账虽与贴现票记入账殆无所异，然此账簿必载明托收之颠末，以故稍异其趣。在汇来货价票，以对面主顾为别。在汇往货价票，则以所托银行为别可也。

西历年	顺号	付货人	受货人	住所	票之顺号	出票月日	期日	货物	价额	票面金额	摘要

第五章 账簿之组织

发来收款票记入账

发往收款票记入账

收款票之还款人,有在当地者,由他地来收。有在他地者,由当地往收。亦如贴现票之有当地、他地二种。属于前者为当地收款票,即发来收款票;属于后者为他地收款票,即发往收款票。记入账以整理之。惟当地收款票中,其托收人有由甲地银行转来者,有由乙地银行转来者,如从汉口来,从广东来之。又或有由当地素有往来之主顾所托者,种种不一,故视其托收之来路区别之。属于甲银行所托,记入甲银行户下,属于乙银行所托,记入乙银行户下。又属于当地各主顾所托者,一并记入杂部。是为极便。

按:此知当地收款票,必为发来收款票。其当地所托即在当地收款者,乃为杂账,不相混也。又他地收款票,即发往收款票。有即为收他地贴现票款,而由贴现人所托者。有由各往来主顾所托者。其向收之人,或在甲地,或在乙地。故更就所向托收之银行,每行区别之,乃可整理。其式如左。

按:此他地收款票之为发往收款票,固无种义。

第五章 账簿之组织

他店各票记入账

日文原称他店切手手形记入账，切手译为自书小票，手形有为替约束二种，译为汇票期票，则各票可以括之。故取简省定此账之名如此。本店常视为现金而受之，明记其种类为期票之种类。颠末乃此事归结之意，收入月日及摘要两格之内即所以明记颠末者也。否则将来有到期不付及他故障等情，记载不清，必生困难。制此账簿，一总记入，名为他店各票记入账。其自书小票一项，付款之银行，有本系加盟于交换所者，亦有未加盟者，此亦当分别列入。不加盟于交换，所其银行规模必不充足，然出票亦有信用，惟不能于交换所推抵，必特往收取。此为本行见好主顾起见，不敢惮劳，与该银行无涉也。其式如左。

西历年	顺号	票之种类	出票人	归款人	住所	票之顺号	出票月日	期日	费手金	票面金额	收入月日	摘要

号，有以他店自书小票及期票汇票各种，为存款及种种付与者。

借用金记入账　此以明借用金颠末之账簿。其式如左。

西历年	用票人	票之种类	出票人	受票人	付款人	金额	收入月日	摘要

即与贷付金记入账无异，一户设一账以整理之为便。

银行于盗难火灾，防范严密，最为可恃。公众但出保存费，亦通称费手金。可将贵重品托其保存。此账整理其物品之颠末。其式如左。

西历年	摘要	借入金	返金	结余	期日日数	利率	利息	担保品	担保品价额	担保品摘要

第五章 账簿之组织

担保品记入账　此对于贷出金之担保品，明记其颠末之账簿也。被贷出之人

西历年	收证顺号	姓名	住所	物品		费手金	返付月日	摘要
				种类	量数		日文名称 贷出先	

户设一账。其贷出金有为贴现票，有为普通贷付金，又有为无定期存款之透用，种种不一。虽可不与区分，括之以一账簿。然究以就贷出金之种类分别为宜。

盖担保品之为物，对于贷付金者，其大略已记贷付金记入账。对于贴现票□，已记贴现票记入账。对于无定期存款透用者，已记无定期存款归户账。更设此账似嫌重复。然担保品出入频繁，非各记入账所能尽载。且其种类为商品、为公债证书、为股票，不问何种，要皆为高价之品。各款目所附，即任记该款目之账之员一手经理，于整理事务一端，未为得策。故更置专管担保品之役员以掌此事，是为十全之法。此账簿因亦别设之，名担保品记入账。虽然，专属之役员，亦安保无作弊者。安见管各账之员不可信，专管之员独可信乎？故凡关担保品之笔据，

银行簿记学

日文称委任状差入证等名，委任状乃托为代管之意，差入证乃指物付与之意。此等名词可从惯例定之，无须过泥。仍归各款目账员。例如贴现票上之担保品笔据，归贴现票款科。贷付金上之担保品笔据，归贷付金科。无定期存款透用上之担保品笔据，归无定期存款科，各自保管。担保品科则止管物品，任使如何作弊，非得两科员通同，必不能得。此分科之本意也。乃至各科担保品，为数太多，并而整理，尚觉不便。亦可分各款目担保品而置多科。或稍增为数科，然有一利，必不免一弊随之。分晰太繁，事务恐欠敏捷。故分置多项担保品科，与合置一总之担保品科，比较无甚优劣也。

此账簿形式如左。

西历年	摘要	贷出金额	返金额	结余	担保品种类	收证顺号	时价	担保价格	入	出	余	摘要

惟栈单押款一项之贷出金，其担保必为商品。此担保品已载明栈单押款记入账内，无庸别置担保品记入账。但制所押栈单顺号账则为必要。

公债证书卖买记入账　此于诸公债证书之出入颠末，卖买损益余数，令其一一详悉之账簿也。

此记法因对此证书之办法而异。兹虽未能概论，然苟欲使银行立于巩固之地，则其财产估计，断不可高于实价，固无论矣。并必估低少许，是为常例。不然，据我法律所规定，以为决算之际，商法第二十六条第二项，财产目录，凡动产、不动产、债权、其他财产，于调制目录之时，要附当时之价格。一时适遭非常巨额之损失，有周章狼狈，窘态毕呈者矣！故当卖买公债证书时，多少不无利益，然不遽以为收得之利益，务约略平均之，使成稍低之价，防有损失。以此牵算，又有虽非卖买而市价自落者。此损失亦应牵算，使低价稍高，常相平均，为万全之策也。

今示其形式如左。

西历年	摘要	卖买市价	买入		卖出		结余		平均市价	卖买损益
			票面	实价	票面	实价	票面	实价		损失　利益

设左之数例以示记法。

第五章　账簿之组织

光绪三十二年三月初八日(即西历一千九百〇六年四月一日),无记名军事公债证书,额面十万元,九折买入。

三月十一日(即西历四月四日),前公债额面一万元九一折卖出。

三月十三日(即西历四月六日),前公债额面一万元八九折卖出。

三月十七日(即西历四月十日),前公债额面三万元九折买入。

三月二十日(即西历四月十三日),前公债额面五万元九二折卖出。

军事公债证书

西历1906年		摘要	买入		卖出		结余		平均市价	卖买损失	卖买损益
			买卖市价	票面	实价	票面	实价	票面	实价			
4	1		9000	100,000 00	90,000 00			100,000 00	90,000 00	9000		
″	4		9100			10,000 00	9,100 00	90,000 00	80,900 00	8990		
″	6		8900			20,000 00	17,800 00	70,000 00	62,930 00	8993	17000	
″	10		9000	30,000 00	27,000 00			100,000 00	89,930 00	8993		
″	13		9200			50,000 00	46,000 00	50,000 00	44,500 00	8900		57000

第五章 账簿之组织

以上记法，亦有种种。如四日之一万元卖价中，有利益百元增出。平均价格，仍听其为九十元。此一法也。六日之损失，不必为一百七十元。十三日之利益，不必为五百七十元。或尚多作若干利益，亦一法也。要之其所取舍之宗旨，务使所有之财产，保其十分之实价。此有当临机处置者。

社债券股票卖买记入账 与公债证书记入账无异，故略之。

公债证书记号顺号记入账 此以示公债证书之明细之账簿也。既别种类，_{公债之名非一种}。更分券面要耳。但其价之作低，尤比公债证书为重

军事公债证书　千圆票

西历年	记号	顺号	摘要	颠末

每券金数不同。最便于用。

社债券股票登记顺号记入账，与此无异，略之。

地金银卖买记入账 此以明地金银之出入颠末，卖买损益及余数等之账簿也。其处理之法，与公债证书同。

西历年	摘要	买入				买出				结余				平均市价	损失	利益
		个数或金量	金纯量	银纯量	金价银价	个数或金量	金纯量	银纯量	金价银价	个数或金量	金纯量	银纯量	金价银价	金 银		

五　其他账簿

就以上所述，虽任何复杂之取引，皆可整理。苟慎之又慎，期无一毫之缺，则尚有数种账簿，愿绍介焉。

贴现票出入账　此不问汇票期票，凡属贴现之票，务明其出入及现在之数之账簿也。在为数无多之店，不必分晰及此，多则恐其难理，乃必设之，其式如左。

再从其票之种类区别之，是为尤便。从担保品种类之别各设一户，种类相同，总记入一户之下。则此品市价高下，一览可知。其式如左。

苏省铁路公司股票

西历年	摘要	收入		付出		结余	
		张数	金额	张数	金额	张数	金额

西历年	姓名	贷出金额	量数	时价	折担保价格	颠末摘要

期日账 合诸收入票、诸付出票及贷付金借入金、其他收付金额之有期日者，一一记明，不致误收取之期，致酿不虞之损，亦不致误付与之期，致招不信之嫌。其又一方，则金额之出入循环，便于寻

绎。此账簿为用极大，其式如左。

种类	记入账页数	姓名	金额	末

（年 月 日　　星期　　摘要）

无定期存款通账　此为无定期存款，并无定期存款之透用，明记其出入，而交与无定期存款之存户之账簿也。不在店内之账，用时持往，谓之通账。犹不住寄宿舍学生，谓之通学生也。其式如左。

西历年	摘要	自书小票顺号	借方	贷方	借或贷	结余

此账簿之性质，即无定期存款归户账内一户之账，而交与此存户者也。其主体即本存户，故账内

所谓借，乃存户对营业者所借，即取出存款之意。账内所谓贷，乃存户对营业者所贷，即存入存款之意。盖从银行而言，则以本行为主，所借乃借之于各户，即存户存入之意。所贷乃贷之于各户，即存户取出之意。有正相反对者，据英文通账，究其文义，乃以借为存入，贷为取出。而簿面亦称以银行为主，故记法亦相反。此决不得为正当。夫与存户之账，当以存户为主，簿面即当用存户为主之英文文字但称取出存入，庶为合法。法开列，亦无不可。然其原理不可不知。此账乃存户为主。取出一定为借，存入一定为贷也。

通账之为物，古来习惯，常用为存款上最要之证据。且其记出入金时，咄嗟之间，仍当持去，难保无万一之误。其误在数字，如以1,000.00为10,000.00，照判决例，应归银行认损。此极危险。因改通账之名，去其受取证之资格，止为记出入金及余数之用。其受取证凭据，即付出另用收入联票簿，日名振込账由存户自填金额。一半留于银行，一半捺印返还。且存户或有弊混。此账亦防范较密，但意不在此。凡往来各户，须慎择于始。必得信用确固者，是为万全之策。果以信义为重，虽千元误记万元，决不挟以讹索。盖往来两方，皆重信义。但以银行之归户账为最要之证据，亦已足矣！

※ 本书不载英文，他日另取此书所改之名与英日名编对照表以供同志研究。

以上逐项所述，各账簿之外，视事务之繁简及其他事情，虽尚多少得有增减之处，但当任记簿者考索，不复能列举之矣。账簿组织，至此为已毕。兹将本章所说率为一表，示之如左。

- 主簿
  - 款目归户账
    - 日记账
      - 普通日记账
      - 增补日记账
    - 日缔账
  - 示金银出入之账簿
    - 收入账
    - 支出账
    - 或总名出纳账
  - 示对于本店所生借贷之账簿
    - 贷付金归户账
    - 贴现票归户账
    - 无定期存款归户账
    - 总款目归户账内结余记入账
    - 栈单押款归户账
    - 他店存款归户账内结余记入账
    - 贷付金归户账内结余记入账
    - 贴现票归户账内结余记入账
    - 无定期存款归户账内结余记入账
    - 总款目归户账内结余记入账
    - 他店支店款目归户账内结余记入账
    - 定期存款记入账
    - 暂存款记入账
  - 使借贷聚于一幅之账簿

第六章 往来账目报告书

```
                                        补助簿
                ┌───────────────────────┴───────────────────────┐
               其他                                          特详各
               账簿                                          取引之
                                                             账簿
        ┌───────┤
       无 担 贴  地 社 公 社 公 担 保 借 他 发 发 汇 汇 栈 转 他 当 贷 汇 汇 存
       定 保 现  金 债 债 债 债 保 存 用 来 往 往 单 贴 地 付 来 往 款
       期 账 品  银 证 证 证 证 品 物 金 各 收 收 货 现 贴 地 金 汇 票
       存 票 种  出 股 书 股 书 记 记 票 款 款 价 押 现 贴 现 记 票 票 记
       款    类  卖 买 记 卖 买 账 账 入 记 记 价 款 票 现 记 票 票 入
       通    别  入 记 顺 入 记           账 账 入 记 入 记 账 入 入    账
       账    账  账 顺 号 账 入               账 账 入 记 账   账 账
                  号 记   入                       账 入   账
                  记 入   账                         账
                  入 账
                  账
```

一○三

第六章 往来账目报告书

往来账目报告书 本店与他店或支店之间所有诸往来,以书类互相报告,使彼此共有根据者也。盖他店支店,大概居不同地,如有谬误,不问事之轻重大小,均颇费事。此报告书,不但取引发端之店必须发出,即被动之店,当所来报告实在收付之后,亦必发之,以为收付之确证。其式如左。

金额固无论矣,如利息起算日,亦须用正格,不可不慎重将事,以期无一点之谬。

通商银行合照　　　　　　　年　月　日　　　　　　　户部银行

科目	种类	发出月日	顺号	摘要	借或贷	金额	利息起算日

此其性质,为他店支店款目归户账内一户之账。亦如无定期存款通账,为无定期存款归户账内

第六章 往来账目报告书

一户之账以对面银行为主。其为借为贷,皆对面银行所借所贷之意。设左之数例以示报告之法。

本年四月初十日(即西历五月三日),报告甲银行有自书小票一张来付款讫。持出人王叔九,金额一千元。

顺号B0863,四月十八日发出。

同日报告甲银行送来所代付款之本店自书小票一张收讫。持出人庄浩,金额五千元。

顺号A8306,四月廿五日发出。

同日报告汇来汇票一张已代付讫甲银行汇出。受领人元宝式,金额一万元。

顺号1502,五月二日发出。

同日报告甲银行发来收款票一张已代收讫。付款人唐企林,金额五千元。

顺号359,三月三日发出。

同日报告甲银行托收之汇往货价票一张已代收讫。付款人谢麟甫,金额四千元。

顺号214,四月十日发出。

同日报告甲银行有汇往汇票一张,汇出人传兰生。受取人宗邦翰,金额八千元。

顺号8/10,五月三日发出。

甲 银 行 合 照

户部银行　　　年　月　日

科 目	种 类	发出月日		顺 号	摘 要	借或贷	金 额	利息起算日
本行往账	自书小票	4	18	B0863	王叔九	借	1,000.00	
贵行来账	汇来汇票	4	25	A8306	庄浩	贷	5,000.00	3
〃	〃	5	2	1502	元宝式	借	10,000.00	〃
〃	发来收款票	3	3	359	唐企林	贷	5,000.00	5
〃	汇往货价票	4	10	214	谢麟甫	〃	4,000.00	〃
本行往账	汇往汇票	5	3	8/10	佳兰生汇出崇邦鞠受领	〃	8,000.00	〃

以上所记报告书，其应报告者，皆本店与他店或支店已生借贷之关系，方可列入。如发往收款票，汇来货价票。方其缔结之初，仅止托收，未生借贷关系，则以别纸记之，此别纸亦须具载出票情状。如期日顺号金额出票人付款等，一一记清。至实在收入之时，始于此报告书报告之。

第七章 利息计算法

计算利息，本为实践之一端，后章专讲实践，再与说明，亦无不合。但此法待实践中说明，头绪繁多，恐滋学者之惑，兹故别为一章说之。

银行算息法，所应揭者为无定期存款、与他店支店汇兑底二种。如贷付金利息贴现费等，无庸解说，故略之。其用于无定期存款之法，用于汇兑底之法，亦无须区别。今示数法于后，其以何法算无定期存款之息，何法算汇兑底之息，任学者自择。

第一法　为通行法。以一日出入结余之数为受入，或从受入之当日起，付出之前一日止。或从受入之翌日起，付出之日止。虽不一定，西洋诸国，常用后法。今试举无定期存款算息之法。其起算即用后一说。

按此算息之法，旧式亦不及新式之整密。今用森川氏书中理论，并其所举之数，列式则从吾所受，以早稻田簿记式为准。

透用极度 5,000.00　　利率　透用 32
　　　　　　　　　　　　　 存款 15

日数	积 数		利率	利 息	
	借 方	贷 方		借 方	贷 方
4		6,000 00	15		90
45		180,000 00	15		27 00
41		123,000 00	15		18 45
12	24,000 00		32	7 68	
13	39,000 00		32	12 48	
5		25,000 00	15		3 75
1	4,000 00		32	1 28	
9	27,000 00		32	8 64	
2	10,000 00		32	3 20	
1		14,000 00	15		2 10
11		44,000 00	15		6 60
3	12,000 00		32	3 84	
147	116,000 00	392,000 00		37 12　21 68	58 80
				58 80	58 80

第七章 利息计算法

姓名		薛平贵		住所		上海三马路		
西历 1906年		摘要	自书小票顺号	借方	贷方	借或贷	结余	
12	31				1,500 00	贷	1,500	00
1	4	现　金			5,000 00			
〃	〃		A0982	2,500 00		贷	4,000	00
2	18		A0983	1,000 00		〃	3,000	00
3	31	贴现票推收			10,000 00			
〃	〃		A0984	15,000 00		借	2,000	00
4	12		A0985	1,000 00		〃	3,000	00
〃	25	自书小票			8,000 00	贷	5,000	00
〃	30		A0986	9,000 00		借	4,000	00
5	1	现　金			1,000 00	〃	3,000	00
〃	10		A0987	2,000 00		〃	5,000	00
〃	12	票			5,000 00		0	
〃	31	现　金			14,000 00	贷	4,000	00
6	1		A0988	1,000 00				
〃	1		A0989	5,000 00				
〃	1		A0990	4,000 00		〃	4,000	00
〃	12		A0991	8,000 00		借	4,000	00
〃	15	现　金			9,000 00	贷	5,000	00
〃	〃	滚　结		5,000 00				
				53,500 00	53,500 00			
6	〃	滚　结			5,000 00	贷	5,000	00
〃	〃	利　息			21 68	〃	5,021	68

自西历一千九百零六年一月至六月		商业银行　贷方					
西历 1906年		摘　要	利息起算日		金　额	日数	积　数
2	16	元宝式汇往货价票	2	16	2,000 00	47	94,000 00
3	10	李义臣自书小票	3	10	4,600 00	69	317,400 00
	18	李义臣发来收款票	〃	18	8,700 00	77	669,900 00
	28	张详发自书小票	〃	28	8,900 00	87	774,300 00
5	12	薛缘九汇往货价票	5	12	5,100 00	132	673,200 00
	31	薛缘九汇往货价票	〃	31	1,000 00	151	151,000 00
	〃	出纳科现金	〃	31	40,000 00	151	6,040,000 00
	〃	兑换底转记	〃	29	10,000 00	149	1,490,000 00
6	5	兑换底转记	6	5	5,000 00	156	780,000 00
	10	黄金策自书小票	〃	10	10,000 00	161	1,610,000 00
	15	黄金策自书小票	〃	15	20,000 00	166	3,320,000 00
	21	经家福自书小票	〃	21	1,500 00	172	258,000 00
	30	章礼卿发来收款票	〃	30	5,000 00	181	905,000 00
	〃	赵怀德汇往货价票	〃	〃	1,800 00	181	325,800 00
					123,600 00	1,880	17,408,600 00
6	30	抵　余			21,436 69		

第七章 利息计算法

贵行款目利息计算表

借方　　　　通商银行台照

西历1906年		摘要	利息起算日		金额		日数	积数	
12	31	抵余	12	31	5,500	00	假定	决算日	
1	10	李林甫汇来汇票	1	10	1,800	00	10	18,000	00
2	25	庄果成汇来汇票	2	25	4,200	00	56	235,200	00
3	18	刘北禾杂款目	3	18	100	00	77	7,700	00
4	14	杨亦良汇来汇票	4	14	1,000	00	104	104,000	00
	〃	汇兑底转记	〃	12	10,000	00	102	1,020,000	00
5	1	高仰之杂款目	5	1	25,000	00	121	3,025,000	00
	10	钱卓斋汇来汇票	〃	10	50,000	00	130	6,500,000	00
6	1	钱卓斋汇来汇票	6	10	1,000	00	152	152,000	00
	10	唐少莲汇来汇票	〃	10	2,000	00	161	322,000	00
	14	唐少莲汇来汇票	〃	14	1,000	00	165	165,000	00
		￥22,000 00 即							
	30	对于假定决算日借贷金额相差之积数					181	3,982,000	00
	〃	借贷数积之差					621	1,877,700	00
	〃	上记积数之利息日							
	〃	息三分			563	31			
	〃	抵余			21,436	69			
					123,600	00	1,880	17,408,600	00

一二

西历 1906年		摘　要	利息起算日		金　额		日数	积　数	
12	31		12	31	5,500	00	181	995,500	00
1	10		1	10	1,000	00	171	307,800	00
2	25		2	25	4,200	00	125	525,000	00
3	18		3	18	100	00	104	10,400	00
4	14		4	14	1,000	00	77	77,000	00
	〃		〃	12	10,000	00	79	790,000	00
5	1		5	1	25,000	00	60	1,500,000	00
	10		〃	10	50,000	00	51	2,550,000	00
6	1		6	1	1,000	00	29	29,000	00
	10		〃	10	2,000	00	20	40,000	00
	14		〃	14	1,000	00	16	16,000	00
	30	利息每日三分			563	31			
	〃	抵　余			31,136	69			
					123,600	00	913	6,840,700	00

第七章 利息计算法

西历 1906年		摘 要	利息起算日		金 额		日数	积 数	
2	16		2	16	2,000	00	134	268,000	00
3	10		3	10	4,600	00	112	515,200	00
	18		〃	18	8,700	00	104	904,800	00
	28		〃	28	8,900	00	94	836,600	00
5	12		5	12	5,100	00	49	249,900	00
	31		〃	31	1,000	00	30	30,000	00
	〃		〃	31	40,000	00	30	1,200,000	00
	〃		〃	31	10,000	00	32	320,000	00
6	5		6	5	5,000	00	25	125,000	00
	10		〃	10	10,000	00	20	200,000	00
	15		〃	15	20,000	00	15	300,000	00
	21		〃	21	1,500	00	9	13,500	00
	30		〃	30	5,000	00			
	〃		〃	〃	1,800	00			
	〃	借贷积数之差					259	1,877,700	00
					123,600	00	913	6,840,700	00
6	30	抵 余			21,436	69			

他支店汇兑底之计息法，亦与此同一手续。

第二法　无定期存款之计息法，逐日积算，虽仅用前法，已毫无不便之处。至他店支店汇兑底所向之店，其收付之当日或翌日起息则同。而由起息日不能逐日记账，即定取引之总日数，于此等处用此法算极便。在利息起算日之前后，毫无差池。从取引初起，即得为算息之准备。其法如一一〇至一一二页。

持此法据簿记学会会长原圭南君言，日本今已大概不用，但用前法，一以贯之足矣。惟森川氏书中，既有此法。本书于森川理论不遗一字。割此二幅，遂失森川氏书面目，意亦缺然。且玩其排列之法，自有一种意匠通之。亦于簿账学，可生触发之益，故仍录之，并详其理论于后。以实用言，原无须歧之又歧，多生枝节，如原圭南君言可也。

欲检此算法之正否，可以通行之法，试之如一一二至一一三页。

以上记方法所得结果，两相对照，借贷积数之差，无论何法所得皆为1,877,700。借方利息皆为1,877,700÷100×03=563.31。是可知也。

此方法之特点，在设假决算日，以种种取引中最早之起息日充之。凡起息日在此假决算日之后者，概作为可以少付若干日之息。[两店往来半年一结，此半年中日日可以算息。惟其迟用若干日之款，则可少付若干日之息。逆推而上，以计日数。盖不待满半年后再一总算其日数矣。]遂推假决算日而定之。是以借贷各取引，改用逆推。先将借贷两边额金总数之差检出，由假决算日至本决算日之日数，算得积数，定其应属借贷之某一方。再检借贷各总积数之差，即可以利率乘之而得数矣。

今就前例说明之。最早之起息日，乃借方之滚结数5,500.00，其日为上年十二月初六日，即阳历十二月三十一日。故定此日为假决算日。由此以后，所有取引之起息日，皆逆推假决算日，则记其日数。

如借方之金额1,800.00，其起息日为上年十二月十六日，即阳历本年正月十日。无论如何逆推，其起息日至假决算日之十日之息之损。由对面银行将所贷之1,800.00十日之息付给，以符两无损益之理。又如贷方各取引，由商业银行所贷与对面银行之取引，亦对面银行付给，以符两无损益之利息。又其次取引亦逆推而上，其日数相应之利息，一一逆推，皆付与日数相应之利息。

概括言之，依此法所得借方之积数，为本店对于所向银行应付之息。贷方积数，为所向银行应付本店之息。如是，则应付利息之积数，与应收利息之积数，计其利息之差，以清收付之事。无论为借为贷之取引，总以阳历十二月三十一日起算，其理可推矣。若本决算日，则在本年阳历六月三十日。更不可不变六月三十日为一切取引之起息日。其法无他，检借贷各总数相对减，其减得之差，付以阳历一月一日至六月三十日之息，即得之矣。如前例，借方金额总计为101,600.00。贷方金额总计为101,600.00。因逆推日数之利息收付已毕，故其起算日竟可作为阳历前年十二月三十一日。以之相减，贷方金额较多22,000.00，此金额即为商业银行贷与通商银行之数，而日数则为自阳历一月一日至六月三十日。故积数为3,682,000.00。其所生之息，为由通商银行应付商业银行之息。以之加入借方积数，乃始检借贷积数之差。贷方积数较多1,877,700.00，惟此贷方积数，如前所述，为商业银行应向通商银行付息之积数。故以每百元三分之率乘之，其式为1,877,700.00÷100×.03＝553.31，乃借方之所应付出者也。

以上不过示一二方法，余虽非无多种，以纸幅所限，略之。

第八章 实 践

以上数章所反复详明,于各种独立之取引,其整理方法,虽已毕备。然一银行之全局,各账簿有互相联络之用,如上所陈整理之法,未为尽也。而所贵乎簿记之整理,则固在此不在彼。此本章之所以设为例题,以示其实践之法也。夫欲说明各会社各种营业公共之取引,则固非本书之旨。且恐徒贻学者之迷惑,并恐徒涉繁杂,一切略之。止就银行业特有之取引,即前数章所讲之账簿,亦不能尽用。其余以前数章之说推之,无疑义矣。兹举主要之账簿,并记法繁难之账簿,以为熟演之用。

记账之必应慎重,固与凡事无异。惟此事独不得有丝毫错误,一字之差,可有巨万出入,故尤应加慎。今于左方列记簿记上应注意之要点,以资学者唤醒之用。

用钢笔之注意　笔杆衔于口中,不但不洁,并于执务之时,或别起伙友,或外客,或他人有所问对,殊不方便,故必插置耳旁,不然则置桌上。又用后有余污,不可复用,恐污及账簿。用毕洗净安放方台。

用账簿之注意

凡商业账簿，不但法律上之制裁，有清讫后保存十年之规定，即欲保护自己之利益，亦必著意收存。故当记账之时，即须当心，不可污损。

记账上之注意

记账时非有不得已之故，决勿分心，当专一从事，以期无一字之误。万一记错，不可用橡皮小刀之类，擦损账本，必用红线明白注销，另记更正字样。若误在数目字，则因一字误记，必销其全项。无论何种销法，总须盖以小印为识。

一起取引，必当时记清账簿，记法宜简而明。无论何种销法，亦须展账便明。无待苦索，方为合法。

一页记满，应当入次页或他页时，本页先算出滚结之数。本页记清滚结，日文谓之缲越元。所过之页更记清某页所滚入。日文谓之缲越先。一页滚结不清，即重至两页。两页不清，则三页、四页。愈积愈多，夫积至三四页而息于滚结，则费时费力，并恐更难急就。故须自始即计其终，以省后日之累。此簿记之所以必有正格，亦即记账之秘诀也。

账簿上用算之时，宜练惯独算之法。未熟之时，独算固觉繁难。渐至驯熟，便益甚大。

第八章 实践

第一 取引

以下设为贯串之取引,据前数章之说,用册尾所附之账簿,以试实地记账之法。

光绪三十五年十二月十六日西历一千九百零六年一月十日股份公司商业银行,既备设立公司之诸种条件,定于上海大马路六十三号门牌,以资本金一百万元,第一次收足二十五万元,本日开张。

本行之理事:富有余、元宝如、贾大福、黄和白、经之营,监查:时运通、詹大光。

以上人员之内,以富有余为总理。

- 支发起人创业报酬费金千五百元。
- 支用度科店用器具金五百元。
- 支用度科杂费金一百元。
- 支王伯生本行地基房屋金三万元。

- 支李桂芬无记名军事公债证书，卖价二万七千六百元（额面三万元，九二折）。
- 加盟上海交换所，付以额面万元之公积证书作保证品。
- 支国家银行存款十万元。国家银行在上海之分行也，下俱称国家银行。
- 与国家银行约定：透付存款得至一万五千元为极度，以额面二万元之军事公债证书为根抵当。
- 收黄金策无定期存款金五万元，约定每百元每日利息一分五厘。
- 收贝有才无定期存款现金五万元，约定每百元每日利息一分五厘。
- 收盖善藏无定期存款现金千元。
- 收孔大方特别无定期存款现金六百元。

按：以上为开张第一日之收付例题，据此记账。如欲覆其记法之误否，则是日总结。应令贷借抵余，皆为一百零五万六千六百元，方为合数。惟金额之数虽不误，款目若误，仍非正格。故更需注意。

再款目多时，款目归户账可将各项总结另列一款，作总归户账内之一分目

光绪三十一年十二月二十六日

西历一千九百零六年一月二十日

- 支黄金策无定期存款现金五千元（自书小票A0001）。

第八章 实　践

- 支贝有才无定期存款现金三百元（自书小票A0101）。
- 与黄金策约定无定期存款得透用至一万元为极度，以额面一万二千五百元之军事公债证书为根抵当，利息每百元每三分二厘。
- 与天津户部银行约定：往来凡存款利息每日一分，透借每日三分，存款至金三万元以上不付利息，透借以五万元为极度，双方相等。
- 收注<small>赞</small>卿定期存款现金五千元，期限三月，利息六分。即周年六厘。
- 收高仰之定期存款现金一万元，期限六月，利息六分二厘。
- 收孔大方特别无定期存款现金三百元。
- 支黄金策无定期存款现金四万元（自书小票A0002）。
- 收贝有才无定期存款现金一万二千元。
- 收元宝式无定期存款现金九千元，日息一分五厘。
- 支唐万吉贷付金现金三万元，担保品：卢汉铁路公司股票六百股（另给1/1号收据），时价六十二元五角，八折作担保价五十元，期限七十日，日息每百元三分二厘，保证人赖伯调。

光绪三十二年正月初六日

西历一千九百零六年一月三十日

- 收钱裕生现金五千元,给存款票一张。
- 支黄金策无定期存款并透用金现金共一万元(自书小票A0003)。
- 收汇往天津户部银行汇票金三千五百元,并汇费即费手金三角五分。汇出人屠元发,受领人万泰。顺号1/1。
- 支辛计公贴现票现金八千元,出票人殷实甫,用款人辛计公,顺号3。一千九百零六年一月三十日出票,二月二十日到期,期票,贴现每百元每日三分一厘,共扣贴现费五十四元五角六分,无担保品,汇票顺号1/1。
- 支天津户部银行汇来货价票金四千五百元,付货人经家福,受货人天津章德,汇票顺号10。一千九百零六年一月三十日出票,二月十日到期,加货贴现顺号1/,汇费即费手金每百元五角,共计汇费二十七元。现金汇票无现金故汇费加大。
- 收元宝式无定期存款六千元,现金五百元,贝有才本行所发自书小票A0102五千五百元。
- 支完纳地租半额三十七元五角。
- 支薪金五百元。

银行簿记学

第八章 实　践

- 支总理富有余费旅一百元。
- 支用度科杂费五十元。

光绪三十二年正月十七日

西历一千九百零六年二月十日

- 收未交资本金内第二次交金二十五万元。
- 支分设汉口广东支店资金现金各十万元。
- 支黄金策透用金三千五百元（自书小票A0004）。
- 经家福贴现票金二万八千元，应取之金存作无定期存款，出票人经家福，本行受取，顺号\一千九百零六年二月十日出票，三月十日到期，期票、贴现每百元每日三分二厘，共扣贴现费四百三十九元零四分，担保品，军事公债证书，票面三万五千元，别给1/2号收据，时价百元，八折作担保价格八十元，无定期存款每百元日息一分五厘。

按：前辛计公之贴现票，乃辛应得之款，特未到付款之期，将期票向银行减价售现耳。此为贴现票之正格。本日经家福之贴现票，即前理论中所谓贷付金之变态。经家福自以担保品向银行借款，写期票与银行，约明归款日，即计其日数，以贴现之法行之，此正日本财政学家所慨叹也。归款即归于银行,期票上本写银行受取,故受票即为本行。此票性质与前票不同。辛计公之票,乃到期可向殷实甫取款,殷若不见票,亦不肯付金,则期票即其担保品。然出票人受票人两造皆无信用,亦有别索担保,方与付现。至经家福之期票,乃自发自收,必有担保品,乃为合法。其仍存作无定期存款者,便于随时取用。且未收用之日,仍可生息也。

● 收盖善藏特别无定期存款现金百元。

● 收贝有才无定期存款现金五百元,票金五千元,合计五千五百元。

● 本日交换所收回本行票如左:

 交换所为各银行公共组合。本行开张之日即与加盟,并以公债证书作根抵当,嗣是本行所发给无定期存款,各户之自书小票既为市面通用,若用入他行或他行所发之自书小票用入本行,均于交换所彼此互还,认明某存款人所书即付某人存款之账也。

金一万元,贝有才自书小票A0103。

金五千元,元宝式自书小票A2031。

金二万元,经家福自书小票A3001。

计金三万五千元在存款内支付。

此存款乃本行存于国家银行之款,国家银行当立于全国财政枢纽之地位,各银行之银根皆在。于是如本日市面所有之本行自书小票由他行推出,即将国家银行存款划付他行,代付之小票现金亦于国家银行存款内划收,凡设一银行必与国家银行定存款透付之约也。

第八章 实　践

光绪三十二年正月二十七日

西历一千九百零六年二月二十日

● 天津户部银行通告有汇来金一万元之汇票，汇出人蒋石臣，受领人卜平夫，顺号＼，出票日二月九日。

● 天津户部银行通告1/1号汇票金三千五百元已于二月十日付清。

● 天津户部银行通告1/1号汇来货价票金四千五百元已于二月十日收讫。

● 收一月三十日辛计公贴现票金八千元，本日到期，由殷实甫如期交清，全额俱系他店自书小票。

● 支天津户部银行汇来汇票金一万元。

● 收汇往汉口支店汇票金五千元并汇费即费手金五角，汇出人孔大方，受领人过农甫，顺号1/1。

● 汉口广东两支店通告前送资本金十万元，于二月十二日收讫。

● 黄金策贴现票金五万元，应取之金存作无定期存款。出票人辛计公，受领人黄金策，顺号5，一千九百零六年二月二十日出票，五月二十日到期，期票、贴现每百元每日三分二厘，共扣贴现费千四百四十元，无担保品。

● 收经家福无定期存款现金三千元，系他店自书小票。

一二五

- 收经家福特别无定期存款现金千元。特别无定期存款不能透借,而利息则较大,故经家福无定期存款有特别与否两种,同时存入各取其便。又或一系经家福经手之款,一系经家福自有之款,故各不相同也。
- 支元宝式无定期存款八千元(自书小票A0202)。
- 收贝有才无定期存款五千元,内现金三千元。元宝式所出本行自书小票A0203二千元。
- 本日交换所退出他店票如左:
金五千元,一张。
- 收回本行票如左:
金一万一千元,贝有才自书小票A0104;
金四万元,黄金策自书小票A0006。
计金五万一千元,出入相抵应找出四万六千元在存款内支付。
- 收薪金五百元。
- 支用度科杂费五十元。

光绪二十三年二月十六日

第八章 实 践

西历一千九百零六年三月十日

● 汉口支店通告1/1号汇票金五千元已于二月二十八日付清。

● 经家福划无定期存款内二千八百元为暂存款,付以证书。其自书小票A0302。

● 经家福划金五千元为保证,付款保证付款多由无定期存款划出,无定期存款划入保证付款则与他存欠无干,不起息亦不受透借极度之限制矣。自书小票A0303。

按：此账户法,当其以自书小票入保证付款时,即于本人无定期存款中,作为已经付出。另列入保证付款款目内,至实在付出时由保证付款款目内付去。本日日记账则将经家福户内之无定期存款,与保证付款户内之无定期存款互作推收可知矣。

● 广东支店通告有汇来货价票金一万零八百元。付货人广东吴保三,受货人郁怀甫,汇票顺号100。

一千九百零六年三月七日出票,三月三十日到期,加货贴现顺号1/1。

按：为此通告,并附来票及诸附件提单保险单等。时,止于记入账及期日账_{皆补助账}账簿之名。逐件记清,至收到日方入正账。又可视他店支店款目之整理方法,或以红字记入他店支店之归户账,以明其为假定之记入。

一二七

银行簿记学

- 支元宝式贷付金现金六万元。担保品通州纱厂股票百五十股,别给1/3号收据,时价四百四十元,担保价格四百元,期限四十二日,日息每百元三分二厘,保证人元宝式。

- 收黄金策无定期存款三千元。内现金千元,他店自书小票千五百元,经家福所出本行自书小票A0304五百元。

- 本日交换所退出他店票如左:

收入票如左:

金一万一千元,二张。

- 支经家福保证付款金五千元(自书小票A0303)。

金八千元,黄金策自书小票A0006。

金五千元,黄金策自书小票A0007。

计金一万三千元,出入相抵应找出二千元在存款内支付。

光绪三十二年三月初六日
西历一千九百零六年三月三十日

- 收二月十日经家福贴现票金二万八千元,内二千八百元将暂存款推收,余收现金二万五千二

第八章 实　践

- 收唐万吉贷付金三万元。全额俱系他店自小书票，利息现金六百七十二元。
- 收广东支店汇来货价票金一万零八百元。本日到期，由郁怀甫如期交清。
- 贝有才贷付金六万八千元，担保品开平煤矿公司股票一千股，别给1/4号收据，时价七十七元，担保价格六十八元，期限七十三日，日息每百元三分二厘，保证人言有信，应取之金存作无定期存款。
- 收汇往广东支店汇票金一万元，汇费即费手金一元，汇出人陆辅斋，受领人袁文贵，顺号1/1。
- 支贝有才无定期存款金一万五千元（自书小票A0105）。
- 贝有才划金四万元为保证付款（自书小票A0106）。
- 收元宝式无定期存款现金五千元。
- 收经家福特别无定期存款现金三千一百元。
- 本日交换所退出之他店票如左：
  金千五百元，一张。
- 收回本行票如左：
  金四万元，贝有才自书小票A0106。

出入相抵，应找出金三万八千五百元，内金一万七千元由存款支付，现尚存国家银行者止有此数。余金二万一千五百元，以借用金付之。

即向国家银行透借之金，原约透借以一万五千元为限。此交换所猝不及防之透付，不为逾约，但于次日即须照约归结耳。

光绪三十二年三月十七日
西历一千九百零六年四月十日

● 支薪金五百元。
● 支用度科杂费五十元。
● 支童小南旅费十七元九十二钱。童亦本行伙友。
● 经家福划特别无定期存款四千元为定期存款，期限一年，年利七分。
● 收益善藏特别无定期存款现金二千元。
● 元宝式约定无定期存款得透用至二万元为极度，以通州纱厂股票五百股为根抵当，日息三分一厘。
● 支元宝式无定期存款及透借金共二万一千元（自书小票A0204）。
● 广东支店通告有汇来金一万五千元之汇票，汇出人华盛纱厂支店，受领人华盛本厂，出票日四月七日。

● 广东支店通告1/1号汇票金一万元已于四月七日付清。

● 黄金策以栈单押款，内金九千九百四十元推收无定期存款透借项下再除贴现费，余付现金，上海堆栈股份公司所发一八九五号栈单，内开货物无锡新白米三千包，每包百五十斤，时价六元七角五分，七四折担保，价格五元共债权金额一万五千元。又同公司一八九六号栈单，又同货物六千四百五十包，同斤数，同价同折共债权金额三万二千二百五十元，五月三十日到期，贴现每百元每日三分一厘，共收贴现费七百四十七元零二分。

● 向天津户部银行发往收款票金九千元，出票人经家福，归款人章德，一千九百零六年四月十日出票，四月二十日到期，顺号1/1。

● 收元宝式贷付金三月分利息现金四百二十二元四角。

● 本日交换所退出他店票如左：

金三万元，一张。

无收回本店票以二万一千五百万元还借用金，余八千五百元为存款。

光绪三十二年四月初七日

银行簿记学

西历一千九百零六年四月三十日

- 收黄金策无定期存款一万五千元，以广东支店1/1号汇来汇票推收。
- 收经家福无定期存款金九千元，系他店汇票。
- 汇往天津户部银行汇票金八千元，付出汇票人自书小票A0107，金一万元，除汇款外余给现金，免收汇费，汇出人贝有才，受领人萧子庆，顺号1/2。
- 汪赞卿定期存款五千元，本日到期，再延三月给以新证书，并付利息现金七十五元。

按：定期存款延期时，金额虽无增减，但既改证书，即应作为旧存款付去，新存款重存。于日记账内一付一收，行推收之记法。

- 天津户部银行通告发往收款票金九千元，已于四月二十日收清，与经家福无定期存款推收。
- 元宝式本日到期之贷付金六万元，延期二月。本月分利息金五百七十六元，由本人无定期存款透用款目推收（自书小票A0205）。
- 收贝有才本月分贷付金利息现金六百九十六元三角二分正。
- 本日交换所无退出他店票。
- 收回本行票如左：

一三一

第八章 实 践

金五千元，钱裕生存款票。

右金由存款支付。

● 支薪金五百元。

● 支用度科杂费五十元。

光绪三十二年四月十七日

西历一千九百零六年五月十日

● 天津户部银行通告1/2号汇票金八千元已于五月七日付清。

● 经家福划金一万五千元为保证付款，自书小票A0305迳寄广东。

按：自保证付款之用自书小票，便法既开。凡于银行有无定期存款或透借之约约者，往往以自书小票划作保证付款。即以代汇票之用，与有来往之家。苟有归款情事，皆可以此充之。无定期存款之自书小票止能行于当地，保证付款之自书小票则可通行他地。虽然，以巨额之自书小票为保证付款，其意欲寄往何处行用，必须关照，以便预先通知该地有往来之银行。不然，所往取款之银行，突然逢此大出款，不能保其无为难之况也。

● 支天津章德寄户部银行保证付款之自书小票金八千五百元与经家福。

银行簿记学

按：此即户部银行所出保证付款之自书小票由本行代付者也。其自书小票收下，仍还户部银行。即请该行记入往账。凡相往来之银行必有一往账一来账，分别登记，由我主动者也；来账日文谓之先方，勘定由彼主动者也。往账日文谓之当方，勘定由我主动者也。详见前理论。与前题本行自书小票迳寄神户者办法相同，可互相参照。

● 收转贴现金四万九千八百九十元。黄金策所售贴现票金五万元，今向国家银行转贴现，先期十一日每百元每日贴现二分，共扣金一百十元，余收现金。

● 广东支店与汉口支店汇兑底金一万元，系汉借广五月七日通告与本店推收。

按：各支店间既有往来，必不能无借贷。虽然，任其借贷纷歧，账情恐难归宿。故各支店间之往来底，即所谓汇兑底，时时向本店推收，不令汇兑底中留甚巨之额。本例所示，乃由广东支店来与本店推收者也。惟欲其起利之日，无论如何不生差异，必使互相推划之各支店与本店，先同其算利之日。何也？稍有不同，则利息之收付，必生冲突。然究以何日起算为最便，则即以推收之日为起算之日，为最易省记耳。

● 本日交换所退出他店票如左：

金九千元，一张。

第八章 实 践

无收回本行票全额悉充存款。

光绪三十二年闰四月初八日
西历一千九百零六年五月三十日

● 广东支店通告经家福保证付款之自书小票金一万五千元已付讫。

● 天津户部银行通告章德所发保证付款金八千五百元之自书小票已于五月二十日收回。

按：此自书小票，先于他店款目归户账，户部银行一户之往账中，记入假定账。至接五月二十日收回之信，乃由假定账账移入确定账，如前题。本行本日亦应通告自书小票之收回。同时广东支店于该店之往账，必移入确定账中，皆无稍异也。

● 收黄金策无定期存款五万元，全系他店自书小票。

● 黄金策划金三万元作保证付款，迳寄天津。

● 黄金策本日到期之栈单押款金四万七千二百五十元，再延六十日计日贴现换与新证券。上海堆栈股份公司所发二五五五号栈单，内开货物无锡新白米三千包，每包百五十斤，时价六元七角五分，七四折，担保价格五元，债权金额一万五千元。又同公司二五五六号栈单，又同货物六千四百五十包，同斤数同价同折债权金额三万二千二百五十元，七月二十八日到期，贴现每百元每日三分二

一三五

厘，共收贴现费九百零七元二角。

● 支经家福贴现票金四万元，内二万元电汇汉口，再除贴现费汇费电费之外余付现金一万九千四百三十五元一角五分。出票人经家福，归款人章德，本行受取，一千九百零六年五月三十日出票，七月十日到期，顺号9，贴现每百元每日三分三厘，共扣贴现费五百五十四元四角，汇费即费手金每百元五角，共扣费手金十元，电费四角五分，受领人朱信斋电1/1。

按：此又一种贴现，其性质与收款票同。收款票收到后交付本人，此则先期付款，故须贴现，其无担保品者，以经家福自有信用也。

● 前条之票因需收款送付天津户部银行。 观此知其性质之为收款票无疑矣。

● 送汉口支店金五万元，系国家银行保证付款之自书小票。

● 本日交换所出入票皆无。

● 支薪金五百元。

● 支用度科杂费五十元。

光绪三十二年闰四月十九日

西历一千九百零六年六月十日

第八章 实 践

- 收国家银行公债三万元之上半年利息现金七百五十元。
- 收贷付金五月份利息现金如左：

金五百九十五元二角，元宝式。

金六百七十四元五角六分，贝有才。

- 贝有才本日到期之贷付金六万八千元，延期二月，利息改为每百元每日三分三厘。
- 收元宝式贷付金六万元，之内先还六千元担保品，通州纱厂股票先与收回一百五十股。
- 天津户部银行通告黄金策保证付款之自书小票A0008已付讫。
- 天津户部银行相与往来之汇兑底，其中以金一万零五百元彼此转记。

按：本日与户部银行所成之汇兑底，在来账内，本行借入二万元；往账内，本行贷出一万零五百元。双方适同系一分日息，来账则彼行所贷为彼以款存我，往账则彼所借为我以款存彼。原约存款日息每百元一分，双方相等，故为同系一分日息也。故可彼此抵销。既可使计息简便，省无益之转折，又可免往账中存彼过多，致蒙不能生息之害。不言来账者，来账存我假如守三万元以上不起息之约，然在往账，本行原约存款至三万元以上，两不起息，之款过多，乃彼行之损，彼行自应注意，不必代为虑及也。

我之所借利息分毫不能少，我之所贷五万元乃有无息已贷出五万元；在来账，本行止借入二万元。

一三七

之二万元在内也。一经抵销，则以贷偿借，各去二万元，两无所损，而其余三万元得完全利息，岂非至便。学者身临实地必注意及此，庶于长年之往来有随时检正之益也。

但此转记之法，可竟在他店款目归户账之确定账内直与抵销，无庸再动假定账。支店汇兑底可不用来账往账之区明借与贷之关系，此不过就其结果以整理之，别无他龃龉可防也。盖有日记账载别。若有此区别时，则亦用此转记法可矣。

● 本日交换所退出他店票如左：

金五万元，一张。

● 汉口支店通告送付之五万元已于六月三日收到。

● 汉口支店通告电汇之二万元已于五月三十日付清。

● 烂板硬印银元十五枚九折售与九霞银楼，共耗一元五角，由诸损款目内支付。

收回本店票如左：

金一万五千元，黄金策自书小票A0009。

抵余金三万五千元，加付现金二千五百元归还国家银行借用金清讫。

光绪三十二年五月初九日

第八章 实　践

西历一千九百零六年六月三十日

● 所有军事公债证书以一万元之额面卖与国家银行，每百元折作九十六元，得价九千六百元，收作该行存款。

按：此公债证书，前以九二折买入，现涨至九六折，一万元差额四百元，是为卖买益，可入公债证书卖买损益款目。

● 收贷付金六月份利息俱系现金。

金六百六十六元四角，贝有才。

金五百三十七元六角，元宝式；

按：元宝式兑付金于六月十日先还六千元，是日以前，当收六万元所生之利息。从十一日起，则收五万四千元所生之利息。至贝有才之贷付金，六月十日以前，收三分二厘之日息。十一日以后，以三分三厘计算。

● 元宝式贷付金六万元之余金五万四千元推收，作贴现票款，担保品仍旧，惟改给1/5号收据，利息亦仍旧，惟改期票以一千九百零六年六月三十日出票，八月三十日到期，顺号5，贴现费一千零七十一元三角六分另收现金。

一三九

● 无定期存款并透借款以六月十五日结算利息如左，于十六日各与本人存款账内推收作为付讫。

付出利息：

金八十二元五角一分，黄金策；

金一百五十四元八角六分，贝有才；

金一百十六元七角二分，经家福。

收入利息： 透借故收 其入利息。

金二百七十九元二十一钱，元宝式。

按：无定期存款，其计算利息，虽无一定时期，然与他账概于决算期算结，极嫌混杂。故此项独以五月末日或六月十五日为决算期。本例题乃假定为六月十五日决算者也。是日以前之利息，即记入翌十六日之成本。本书之记于三十日账内者，以例题非逐日设定，从便为之，非实际上有此犹豫也。

● 特别无定期存款，其处理之法亦同。

● 特别无定期存款以五月三十一日结算利息如左，内惟盖善藏付去现金，余俱推收，入本人存款账内。

金五十元零八角,盖善藏。

金二十四元七角八分,孔大方。

金十七元六角四分,经家福。

按:本题以五月三十一日为决算期,其归户账内结法,与无定期存款同。

● 天津户部银行汇兑底账六月十五日结算利息如左,于十六日与该行往来账内推收作为收讫。

来账:

应收利息金三百三十元。

应付利息金五元七角。

往账:

抵余金三百二十四元三角为应收利息。

应收利息金四十八元五角五分。

右金额皆为应收利息。

合计应实收金三百七十二元八角五分。

按:汇兑底既有来账往账之别,则来账有往,往账有来。计算吻合,知已正确,即可成收成付。

第八章 实 践

一四一

其利息其决算日，多在五月十一日之末日。本书例题，以便宜上定为六月十五日决算。其决算日结断滚过之法，与无定期存款同。

● 汉口支店送付金所生利息以六月二十五日结日息，每百元三分，应收金四千一百七十六元，推收该支店账。

● 广东支店送付金所生利息以六月二十五日结日息，每百元三分，应收金三千四百七十九元八角八分，推收该支店账。

● 支薪金五百元。

● 支用度科杂费五十元。

● 本日交换所出入票皆无。

第二　决算

前项所列记之取引，已终当半季矣。于是当有决算之举，其次序如左。

● 制试算表。制此表不限于决算之时，每月必制一回，即为月计表。又有表上不须载借贷金额者。则以日日款目归户账内结余记入账记之。

依当季间之取引,制成试算表如左。(注:原版本缺表)

此试算表之合法与否,有一法可检得之。借方金额中除去金银一款之借方金额,其数必与金银一款之贷方金额相符;又贷方金额中除去金银一款之贷方金额,其数必与金银一款之借方金额相符。能相符即为合法。盖在银行簿记中凡有取引必以金银,苟一款目立于借与贷之地位,其金额必立于对面一地位矣。

● 诸归户账、内除款目归户账及另有决算期、期存款归户账、他店支店款目归户账等。

一结断。其各账簿互有关联者比对相符。

● 结断之后,取其余数入各种归户账之结余项下。

款目归户账亦逐户结断。所有存欠,皆为次季滚结。于摘要格内以红字接写滚结二字,而以滚结之数反对结余之,为借为贷,亦以红字记入贷方或借方,结终为借则入贷方,为贷则反之。使贷借两方得此而其数遂等。然后于次季七月一日,再记此滚结之数。其应属于损益之款目者,则无所谓次季之滚结,但于摘要格以红字接写损益款目,四字亦反对结余之。借贷而列,其损益之数,又于款目各户之后,立一本

● 诸归户账、内除不能结断之各种归户账,内结余记入账及类似归户之记入账,如日记账之类皆是也。一结断。有存欠数目者,为七月一日之滚结。但滚结之数必与结余项下数字相符,是为检误之一便法。

季损益之户，统括各损益款目之借贷结余各项。其结余之归宿为贷，即为本季纯益金后立前季损益款目，将当季损益结余之归宿记入，而以红字将前季款内之数反对记当季款之末，以使借贷相等。其前季款内之当季纯益，留待各支店之纯益集合之后，再定分配利益之法。

惟金银一款之滚结，又有一异。各款目滚结之属于借方者总计其数，以入金银款目之贷方，属于贷方者总计其数以入金银款目之借方。其相差之数，必与金银款目之滚结数相符。其理即试算之说明。所谓无论何款目，必有同额之金银立于借贷相反之地位者也。设如作滚结日记，以余数为滚结添入日记账之首，亦必记相对之金银以合账情，则此处金银款目内借贷之地位自不待繁言而解矣。学者或以滚结日记法试之可乎。

第三 报告

前项所详决算之事既毕，乃制法律所定之报告书类。_{不止一书，故称书类。于满季后一个月内，呈度支部大臣。}其书类如左。_{此书类日本定于银行条例施行细则，吾国无之，然他日必当有此。今先据日本制度设定之。}

- 贷借对照表　有本店支店各自为表之数分，有合表之一分。

第八章 实　践

- 财产目录　同上。
- 损益计算书　同上。
- 营业报告书　本店支店合。

以上各书，凡止属本店分内者，可于决算时即制。其涉及各支店者，不能不待各支店寄来。今先将止属本店者揭示。

支店贷借对照表既到，斯时将支店表与本店表相对，其本支店间之汇兑底必有不符。是盖既有汇兑，即不能免。何则本支店殆日日有往来，此处已往而彼处未到，适遭决算之期，其中参差生矣。是必另纸声明后，再制本支店合并之贷借对照表。表内依声明之条加减，始能符合。略言之，此合并之表，乃决算日以前本支店一切应有之账，举揭示于一表者也。其前诸表中汇兑底不符之原因，声明各条，开列于下。

- 本店与汉口支店汇兑底内相差一万元。因汉口支店有一万元之汇来汇票当日未到。故于来汇票之总数内增一万元。
- 本店与广东支店汇兑底内相差一千元。因广东支店付出本店一千元之自书小票，当日未及通知，故于无定期存款之总数内减一千元。

- 汉店与广店之汇兑底内相差一百元。因广店付出汉店一百之自书小票，当日未及通知，故于无定期存款之总数内再减一百元。

照以上金额加减，乃成本支店合并之贷借对照表并损益计算书如左。

其营业报告书，不但繁免，且自有银行条例可遵。

吾国欲办银行，当自定条例，使营业者有所遵守。兹故略之。

《会计经典丛书》已出版著作目录

书　名	作　者
《簿记论》	卢卡·帕乔利
《连环帐谱》	蔡锡勇
《银行簿记学》	谢　霖
《无形资产论》	杨汝梅
《高级商业簿记教科书》	潘序伦
《改良中式簿记概说》	徐永祚